おいらの「守護霊タックル」を受けてみな！

ビートたけしが幸福実現党に挑戦状

大川隆法

Ryuho Okawa

ビートたけし氏の守護霊を招霊して。

幸福実現党 兵庫県本部
参議院選挙区代表
湊《みなと》 侑子《ゆうこ》

幸福実現党 青年局長
トクマ

幸福実現党 女性局長
釈《しゃく》 量子《りょうこ》

本討論は、2013年6月25日、幸福の科学総合本部にて公開収録された。

まえがき

「ビートたけし」さんと言うよりは、最近は「北野武」さんと言われるほうが普通になりつつあるかもしれない。社会的評価が上がるとともに、本名で出ることに自信が生じて来たのだろう。親孝行な方であるから、「ご先祖に迷惑をかけないところまで来たかな」と感じておられるのかもしれない。

今回は大変恐縮ながら、TVの視聴率を下げないように、幸福の科学総合本部にて、たけしさんの守護霊と幸福実現党有力者との「毒舌政治バトル」の練習をさせてもらった。失礼ながら、党首は尖閣《せんかく》諸島沖で、中国に抗議街宣《がいせん》（？）をやっていたので参加できなかったが、皆、横綱の胸を借りるつもりで、「言論バトル」の練習をさせて頂いた。たけしさんの「守護霊タックル」は、やはり超一流で、幸福実現党の政治宣伝はまったくやらせてもらえなかった。ご自分の弟子を県知事にする力のある方なのだから、幸福実現党の幹部もＴＶ番組に呼んで下されば幸いである。「芸能界のゴッドファーザー」、今回は、守護霊の特別出演、有難うございました。

二〇一三年　六月二十八日

幸福実現党総裁《こうふくじつげんとうそうさい》　大川隆法《おおかわりゅうほう》

ビートたけしが幸福実現党に挑戦状　目次

ビートたけしが幸福実現党に挑戦状《ちょうせんじょう》

――おいらの「守護霊《しゅごれい》タックル」を受けてみな！――

二〇一三年六月二十五日　ビートたけし守護霊の霊示《れいじ》
東京都・幸福の科学総合本部にて

6

8　政界を斬《き》る！　192

9 「実力の限界」が見えた 232

「霊言現象《れいげん》」とは、あの世の霊存在の言葉を語り下ろす現象のことをいう。これは高度な悟《さと》りを開いた者に特有のものであり、「霊媒現象《れいばい》」(トランス状態になって意識を失い、霊が一方的にしゃべる現象)とは異なる。

また、人間の魂《たましい》は原則として六人のグループからなり、あの世に残っている「魂の兄弟」の一人が守護霊《しゅごれい》を務めている。つまり、守護霊は、実は自分自身の魂の一部である。したがって、「守護霊の霊言」とは、いわば本人の潜在《せんざい》意識にアクセスしたものであり、その内容は、その人が潜在意識で考えていること(本心)と考えてよい。

なお、「霊言」は、あくまでも霊人の意見であり、幸福の科学グループとしての見解と矛盾《むじゅん》する内容を含《ふく》む場合がある点、付記しておきたい。

ビートたけしが幸福実現党に挑戦状《ちょうせんじょう》

――おいらの「守護霊《しゅごれい》タックル」を受けてみな！――

二〇一三年六月二十五日　ビートたけし守護霊の霊示《れいじ》
東京都・幸福の科学総合本部にて

ビートたけし（本名：北野《きたの》 武《たけし》）（一九四七〜）

お笑いタレント、映画監督《かんとく》、作家、俳優。一九七四年に漫才《まんざい》コンビ・ツービートを結成。八〇年代の漫才ブームで人気を獲得《かくとく》し、「オレたちひょうきん族」などの出演番組が大ヒット。日本のテレビ界を代表するタレントとなる。九七年に、監督、脚本《きゃくほん》を務めた映画「HANA-BI《はなび》」で「第五十四回ベネチア国際映画祭」金獅子賞《きんじししょう》を受賞。国外では映画監督「北野武」としての知名度が高い。

質問者　※質問順［役職は収録時点のもの］

トクマ（幸福実現党青年局長）

釈量子《しゃくりょうこ》（幸福実現党女性局長）

湊侑子《みなとゆうこ》（幸福実現党　兵庫《ひょうご》県本部参議院選挙区代表）

［司会］白倉律子《しらくらりつこ》　フリーアナウンサー

1　芸能界のゴッドファーザー、登場！

「言葉の魔術師《まじゅつし》」との〝練習〟を重ねたい

司会　それでは、これより、幸福の科学グループ創始者 兼《けん》 総裁 大川隆法先生によります企画《きかく》、「ビートたけしが幸福実現党に挑戦状《ちょうせんじょう》―おいらの『守護霊《しゅごれい》タックル』を受けてみな！」を開催《かいさい》させていただきます（笑）（会場笑）。

大川隆法　（笑）ええ、何人か候補者はいたのですが、みなさんからは、ビートたけしさんの人気が高かったので、この方で行《おこな》ってみようと思います。

ただ、私としては、どちらかといえば苦手な分野の方であり、「お許しあれ」という気持ちは否《いな》めません。放送禁止用語や、その他、下《しも》ネタ等を連発されると、私も仕事柄《がら》、少し難しくなってくるのです。

彼も六十六歳《さい》になっていますので、少しは保守化しているでしょうし、「先生」と呼ばれて落ち着きを見せていると信じたいところですが、あえて、〝逆張り〟を期してくる場合もありえるので、そのへんについては分かりません。

先般《せんぱん》、田原総一朗《たはらそういちろう》さんや古舘伊知郎《ふるたちいちろう》さんの守護霊との対談を行いましたけれども（『田原総一朗守護霊 vs. 幸福実現党ホープ——バトルか、それともチャレンジか？——』、『バーチャル本音対決——TV朝日・古舘伊知郎守護霊 vs. 幸福実現党党首・矢内筆勝《やないひっしょう》——』〔共に幸福実現党刊〕参照）、お二人とも、「言葉の魔術師《まじゅつし》」のような方であり、頭の回転が速く、瞬間《しゅんかん》的に言葉が出てくるタイプです。

私たちは、これから政治の世界に入っていくわけですが、そのためには、こういうタイプの人たちとの言論の勝負において、一瞬で打ち込《こ》まれずに、切り返すための練習を、そうとうしておかなければいけません。また、「彼らが、どういうところに目をつけてくるか。どういうところを突《つ》いてくるか。どんな逃《に》げを打ってくるか」という部分も研究しておく必要があるのではないでしょうか。こうしたところが、今回の企画趣旨《しゅし》ではあります。

田原総一朗さんには、「マスコミ界のグランドマスター」という、ややヨイショをかけたような呼称《こしょう》を差し上げたのですが、ビートたけしさんの場合、あえて言えば、「芸能界のゴッドファーザー」でしょう。あるいは、そうなりつつあるのかもしれません。

ただ、本人は、「芸能界のゴッドファーザー」を超《こ》えて、政治分野等にもそうとう進出してきておりますので、「自分としては、もう少しインテリ層に上がっていきたい」という気持ちがあるようには見えます。

紆余曲折《うよきょくせつ》を経て成長している「大家《たいか》」に学ぶ

大川隆法　彼は、若いころ、浅草《あさくさ》で漫才師《まんざいし》をしており、お笑い漫才からスタートしていますので、そのころと比べると紆余曲折《うよきょくせつ》を経て、ずいぶんと大家《たいか》になりました。今では、巨匠《きょしょう》と言われることもあるようですから、さまざまな経験を乗り越《こ》えて、変化をしてきたのではないでしょうか。

一九八六年には、「たけし軍団」を引き連れて「『フライデー』編集部襲撃事件《しゅうげきじけん》」を起こし、翌年、有罪となったため、逆風が吹《ふ》いたこともあります。また、九四年には、普通《ふつう》なら死んでいるようなオートバイ事故に遭《あ》い、顔に、かなりの外科《げか》手術を施《ほどこ》したこともありました。このように、心境が変わるような事件を幾《いく》つか経過しているかとは思います。

ちなみに、九一年には、私もおちょくられた立場ではありました（笑）。彼は、年末ごろのテレビ番組で、私が東京ドームで登場したときのスタイルをまねたセットをスタジオにつくり、「大川隆法であって、大川隆法ではない。エル・カンターレである」と言い、「エル・カンターレ宣言」のまねをして、おちょくったのです。ただ、その三年後にオートバイ事故を起こしていますので、〝罰《ばち》〟が当たったのかもしれません（笑）（会場笑）。

それ以降、映画監督《かんとく》に加え、硬派《こうは》の文章等を書いたりするようにもなりましたので、心境的には、やや、「違《ちが》うものを目指そう」という気持ちが出てきたようにも思われます。

なお、フランスとは相性《あいしょう》がよいようで、勲章《くんしょう》をもらったりしております。

この方は、マスコミ界に身を置いてから長いので、われわれの学ぶべきところとしては、やはり、「言論の切り返し」や「突っ込みセンス」、あるいは、「庶民《しょみん》の気持ちのつかみ方」や「国民の空気の動かし方」などでしょうか。こういう部分には、まだまだ勉強の余地がありえます。

幸福の科学の「空気」を変えるきっかけとしたい

大川隆法　この方は、政治家相手でも、十分に毒舌《どくぜつ》で突っ込んでいくタイプだと思いますので、今日の「ビートたけしが幸福実現党に挑戦状」というテーマについても、「挑戦なんかしてねえよ」と言われて終わりになるかもしれません。むしろ、彼は、私と話したいのではないかと思うのですが、まことに申し訳ないことながら、弟子《でし》のほうで相手をさせていただきます。

ただ、この世界に入りすぎると、お笑いのほうに突っ込んでいって、私も、「職業替《が》え」になりかねません。そういう、やや危険なところを走ってはいるのですが、幸福の科学の「空気」を変える必要があると感じるため、背に腹は代えられないと思っております。

というのも、この人の守護霊を呼ぶことが決まってからは、新聞に載《の》っている当会の書籍《しょせき》広告等を見ても、「真面目《まじめ》だなあ。硬《かた》いなあ」という感じがしてくるのです。「真面目で、硬くて、何となく面白《おもしろ》くない」という感じや、「『宗教界のNHK』か、『宗教界の朝日新聞』のようだ。プライドばかりが高くて面白くない」という感じがしてくるので、「ああ、もう、彼の守護霊に〝やられて〟いるな」と感じてはいます（会場笑）。

彼が、「どこまで突っ込んでくるか」、「相手にしないで逃げるか」、それは分かりません。ただ、年齢《ねんれい》相応に宗教心が芽生えてきているようですし、本当は、「最終的に、自分の人生が、どう判定されるか」というあたりが、いちばん悩《なや》んでいるというか、訊《き》きたいところなのだと思います。「九一年に、大川隆法に『地獄《じごく》へ行く』というようなことを言われたが、本当だろうか。それとも、その後、勲章をもらったりもしたから、ちゃんとしたところへ行けるのかな」というあたりでしょうか。

しかし、シャイなところもある方なので、そういう部分は出さないだろうと思われます。

ビートたけしの守護霊を招霊《しょうれい》する

大川隆法　（質問者に）まあ、お相手していただけるだけでもありがたいことでしょう。テレビに出る練習のつもりで、ぜひ頑張《がんば》ってください。

繰《く》り返しになりますが、私としては、あまり得意なタイプではありません。

実は、今日、「スプレーをかけて、頭を金髪《きんぱつ》にしてこようか」と思ったのですが（会場笑）、元に戻《もど》れないところまで行ってしまう可能性があるので、そのへんは勘弁《かんべん》していただきます。

本来、里村《さとむら》さん（幸福の科学専務理事・広報局担当。テレビ局出身）あたりが相手をしなくてはいけない方ではあるのでしょう。

ただ、ある意味で、幸福実現党の弱点が見えるかもしれません。向こうが突いてくるところに、人気の取れていない原因が発見できるようにも思います。

口数が多い人だとは思いますが、こちらから発言しようとするだけではなく、質問するチャンスがあれば、いろいろ訊いてみてもいいかもしれません。それも勉強になるでしょう。

それでは、前置きが長くなりすぎてもいけませんので始めたいと思います。

テレビ・映画等、マスコミ界に大いなる力を持っておられますビートたけしさんの守護霊を、まことに勝手ながら、幸福の科学のほうでお呼びいたしまして、まだまだ独《ひと》り立ちできていない幸福実現党の活動家たちに「稽古《けいこ》」をつけてくだされば幸いかと思います。

ビートたけしの守護霊よ。

ビートたけしの守護霊よ。

どうか、幸福の科学総合本部に降りたまいて、われらに、そのお考え、そのお言葉を下されば幸いであります。

ビートたけしの守護霊よ。

どうか、幸福の科学総合本部に降りたまいて……。


（約十秒間の沈黙《ちんもく》）

2　毒舌《どくぜつ》からのスタート！

まずは「霊言《れいげん》のタイトル」にケチをつける

ビートたけし守護霊　なーんで俺《おれ》が挑戦《ちょうせん》しなきゃいけないんだ。

司会　ビートたけしさんの守護霊でいらっしゃいますか。

ビートたけし守護霊　やっぱり題が気に食わねえなあ。反対だろう？　そっちが挑戦するんじゃないのか？　あ？　なあ？

司会　トクマさん、いかがでしょう？

トクマ　へ？（会場笑）

司会　さっそく、ケチをつけられておりますが。

ビートたけし守護霊　トクマなんて、あんた、知名度を取ったら、○・○一パーぐらいだろう？　うん？

トクマ　すみません。

ビートたけし守護霊　挑戦するのは、そっちじゃないか。何言ってんの？　なあ？

トクマ　はあ。

ビートたけし守護霊　以上。終わり！

司会　（笑）（会場笑）ちょっと待ってください。

ビートたけし守護霊　あ？　え？

司会　今日は、ビートたけしさんの守護霊にお越《こ》しいただきまして、幸福実現党の、この三人の党員から、いろいろと……。

ビートたけし守護霊　党首がいないぞ、党首。

司会　党首ですか。

ビートたけし守護霊　党首、党首はどうした。党首は。

釈　党首は海……。

ビートたけし守護霊　海で泳いでる？　サメに食われに行ってる？　もう、けしからんなあ。

司会　今日はですねえ……（収録当日は尖閣諸島方面へ出張中）。

ビートたけし守護霊　俺よりサメのほうが……。ああ、フカヒレか。

司会　（笑）（会場笑）

ビートたけし守護霊　フカヒレでなあ、フカヒレスープつくって食ったろうと思ってんだよ。肥満するぜ。なあ？

司会　今日は、胸をお借りしたいと思います。よろしくお願いいたします。

ビートたけし守護霊　ああ。タダでは帰さんぜ。君たちもギタギタにして、フカに食われたようにして帰すからね。もう二度と街宣車に乗れんようにしてやるからさあ。

フランスから勲章《くんしょう》をもらったのは「フランス座出身だから」？

司会　このように言われていますが、釈さん、いかがですか。

釈　はい。今日は、本当にありがとうございます。

ビートたけし守護霊　ああ、君は、あれだってな。〝毒〟を持ってるんだってなあ。

釈　毒があるかどうかは……。

ビートたけし守護霊　〝ドクウツボ〟って言われてる。一刺《ひとさ》しか？

釈　いちおう、私もバラエティ番組に出たので、たけしさんのすごさは分かるんです。

ビートたけし守護霊　君ねえ、年齢《ねんれい》制限があるんだよ、バラエティ番組は。

釈　えっ？（笑）

ビートたけし守護霊　あのねえ、よう考えて出なさいよ。

釈　でも、たけしさんの番組には、すごく年齢の高い人ばかりが出演していますよね？

ビートたけし守護霊　いや。僕《ぼく》らは二十代で揃《そろ》えてるんですよ。

釈　二十代？

ビートたけし守護霊　ええ。二十代ですよ。精神年齢がね。

釈　あっ、精神年齢が（会場笑）。それでは、精神年齢を若くして、お話をお聴《き》きしたいと思います。
先ほど、大川総裁からも、「芸能界のゴッドファーザー」というように……。

ビートたけし守護霊　ああ、ほめすぎ。この〝ほめ殺し〟はきついねえ。

釈　そうですか。

ビートたけし守護霊　ああ、来ましたかあ。うーん。

釈　ただ、フランス座で芸人を始められてから、三十五年以上……。

ビートたけし守護霊　フランス座ったって、君らは、もう分からんでしょう？　浅草《あさくさ》のフランス座っていったら、もうストリップ劇場だよ、君ぃ。

釈　（笑）（会場笑）

ビートたけし守護霊　本当か嘘《うそ》か。はい、分かるか？　まあ、似たようなもんだよ。そんなの、いっぱいあったからね。フランス座だから、フランスからいっぱい勲章《くんしょう》をもらえてんだよ。

釈　ああ……。

ビートたけし守護霊　〝フランス人〟のストリッパーをいっぱい踊《おど》らせて、それを私が有名にしたから勲章が出たんだよ、年を取ってから。

釈　（苦笑）なるほど。

ビートたけし守護霊　フランス文化を日本に広めたんだ。ヘッヘヘ……。「フライデー襲撃《しゅうげき》事件」を起こしても人気が衰《おとろ》えない〝すごさ〟

釈　たけしさんは、三十五年間、ずっと人気が衰《おとろ》えていません。

ビートたけし守護霊　そうだねえ。

釈　ただ、いろいろなことがありまして、八六年には、「フライデー襲撃《しゅうげき》事件」がありました。

ビートたけし守護霊　うーん。「襲撃」って、言葉の響《ひび》きがあまりよくないね。

釈　そうですか。懲役《ちょうえき》六カ月、執行猶予《しっこうゆうよ》二年……。

ビートたけし守護霊　あんまり、そんな、はっきり言うもんじゃないな。

釈　（笑）すみません（会場笑）。

ビートたけし守護霊　やっぱり、普通《ふつう》は、もうちょっとぼかして言うんじゃない？

釈　いろいろとご苦労されながら、九四年には原付バイクで……。

ビートたけし守護霊　お隣《となり》だって捕《つか》まったんだろうが（注。トクマは、二〇一二年に尖閣《せんかく》諸島に上陸したことで書類送検されたが、不起訴《ふきそ》処分となっている）。

釈　いえいえ。

ビートたけし守護霊　そんなの同罪じゃないか。何言ってるんだ。

釈　それにもかかわらず人気が衰えないのは、〝すごい〟と思います。

ビートたけし守護霊　あ、ちょっと勉強したんだね。あんた、人を持ち上げる術《じゅつ》を少し覚えたのかあ。はあーん。

釈　いや、もう、本当に尊敬しています。

ビートたけし守護霊　ああ。うーん。

釈　駄目《だめ》ですか。

ビートたけし守護霊　あのねえ、「尊敬してる」って言うんだったらね、俺の言うこと、きくか？

釈　やはり、「尊敬する」のと「言うことをきく」のとは違《ちが》うと思います。

ビートたけし守護霊　ウヘヘ。ほーれ見ろ。あんた、よく言うわ。口だけじゃ駄目なのよ。やっぱ行動を伴《ともな》わなきゃ。「知行合一《ちこうごういつ》」って、君らも言ってるだろうがあ。

釈　学びたいことはたくさんあるのですが……。

ビートたけし守護霊　言ったら行動しなくちゃな。

イメージを守ろうとする幸福の科学は「面白《おもしろ》くない」

釈　「世界の北野《きたの》」になっても、かぶり物（仮装）ができたりするような柔軟《じゅうなん》さと言いますか、このあたりが、ビートたけしさんの魅力《みりょく》かなと思うのです。

ビートたけし守護霊　そうなんだよ。

俺は、今日、来るまでの間に、大川隆法の頭に金のスプレーをかけさせて、スーパーマンの格好でもしてこさせようとしたんだけど、なかなか抵抗力《ていこうりょく》が強くてな。やっぱり、「この一回のために人生を失いたくない」っていう厳しい抵抗があった（会場笑）。

これねえ、放送禁止用語でかからない可能性もあるからさ。ボツになる企画《きかく》かもしれない。

まあ、「イメージを失いたくない」って言うんでしょう。でもねえ、面白《おもしろ》くないんだよ。

「ねじれているのは顔だけ」で、心は素直《すなお》？

トクマ　たけしさんは、ギャップが上手ですよね。

ビートたけし守護霊　ギャップ？

トクマ　はい。

ビートたけし守護霊　ギャップ。君のギャップって、英語か？

トクマ　はあ？

ビートたけし守護霊　英語？　着るもんでGAP《ギャップ》ってあるじゃないの。

トクマ　ああ、違う。違います（会場笑）。

ビートたけし守護霊　それ違うの？

トクマ　はい。英語のギャップです。

ビートたけし守護霊　ああ、ああ、そう。うん。

トクマ　僕は、たけしさんの芸風というか、タケちゃんマンがすごく好きだったんですよ。

ビートたけし守護霊　ああ……。

トクマ　ドリフターズの単純なものよりも、たけしさんの、シュールで、少しねじれた世界が、僕は好きだったんですよ。

ビートたけし守護霊　ねじれてんのは顔だけなんだよ。

トクマ　（笑）（会場笑）。

ビートたけし守護霊　君ねえ、心は素直《すなお》なんだよぉ。

トクマ　そう。それは感じますよ。

ビートたけし守護霊　だからなあ、顔だけねじれてるんだけど、これはしょうがない。

トクマ　でも、ねじれたのは事故のあとですよ！

ビートたけし守護霊　〝仏罰《ぶつばつ》〟でねじれたのよ。これはしかたがない。エル・カンターレをまねしたのがいけなかったらしいや。まあ、しょうがない。

参院選に出馬してよいのは「欲望の塊《かたまり》のような人間」だけ？

トクマ　あのー、僕は、今度の参院選に出させていただくのですけれども。

ビートたけし守護霊　出るな、出るな。

トクマ　（笑）

ビートたけし守護霊　あんなのはさあ、もう、ほんと、そのまんま東《ひがし》あたりのレベルの人間が出るところだからさ、君らみたいな高尚《こうしょう》な人が出ちゃ駄目なんだよ。

トクマ　（苦笑）そうですか。

ビートたけし守護霊　ああ。もっとレベルの低いのが出なきゃ駄目なんだよ。君らはねえ、真面目《まじめ》すぎるんだ。ああいうところには、もう、欲望の塊《かたまり》以外、出ちゃいけないんだよ。

トクマ　ああ……。

ビートたけし守護霊　だから、君らは駄目だね。もっと欲望に火をつけないかぎりは、まあ、無理だね。有名になりたくてなりたくて、ガソリンみたいなのをグーッと飲んで燃えまくらなきゃ無理だから。

ということは、まあ、「地獄《じごく》に近づく」ということだな。

釈　ああ……。

ビートたけし守護霊　君らの宗教修行《しゅぎょう》には反することだなあ。

トクマ　でも、僕には、少し近い感じがありますよね？

ビートたけし守護霊　近い感じ？　まあ、でも、僕から見たら、君は天使のように光ってるよ。

トクマ　ああ、そうですか。ありがとうございます。

ビートたけし守護霊　もう、ほんとにねえ、沖縄《おきなわ》の美《ちゅ》ら海《うみ》水族館で泳いでるような感じがする（会場笑）。

宗教も政党も「せっかくやるなら面白《おもしろ》いことをやれ！」

司会　たけしさんからご覧になると、やはり、幸福実現党、あるいは、その母体の幸福の科学の人たちというのは、高尚に見えるのでしょうか。

ビートたけし守護霊　いや、何で、こんな面白《おもしろ》うない団体をつくるんだよ。本当に、もう……。

司会　つまらなく見えますか。

ビートたけし守護霊　せっかくやるんなら、もっと面白いのをやれよなあ。世の中、面白くしなきゃ意味ないじゃない。
橋下《はしもと》（大阪市長）なんか、一人芝居《しばい》のパントマイムで、あんだけ頑張《がんば》ってんだからさあ。やっぱり、大勢いるのに、もっと面白いことをやらなくっちゃあ。ねえ。

面白《おもしろ》くするには、「いろいろ事件を起こせ！」

司会　こちらにいる、湊侑子《みなとゆうこ》さんは、まだ非常に若く、美しいホープですが、こういう方が出てくることに対しては、どうご覧になりますか。

ビートたけし守護霊　君、僕に女性の論評をさせるわけ?

司会　（笑）

ビートたけし守護霊　それをやらせると、カットが相次ぐよ。ああ、そうですか。あなたから見たら、きれいで若くて美しいのね?

司会　（笑）そんな……。

ビートたけし守護霊　はーい。分かった分かった。はい。

湊　ありがとうございます。

司会　やはり、はぐらかしがお上手で……。湊さん、どうぞ。

湊　はい。もう、ぜひ教えていただきたいと思います。

ビートたけし守護霊　うーん。

湊　私も、ご近所の方や、地域の方々のところを回っておりまして……。

ビートたけし守護霊　（会場のモニターを見て）君、ほんと、テレビ映りがいいわ。実物より、こっちがいい（会場笑）。

湊　ありがとうございます。よく言われます。

ビートたけし守護霊　（会場のモニターを見て）よく映ってるわあ。本当だあ。考えてるんだ。

湊　はい。「写真がすごくよい」と言われます。

ビートたけし守護霊　ふーん。

湊　お話は戻《もど》りますが、やはり、私も、「面白《おもしろ》くない」とよく言われます。

ビートたけし守護霊　そうですねえ。

湊　だから、みなさん、「もっと、特技を出したり、面白さをアピールしたりしなさい」と、おっしゃいます。

ビートたけし守護霊　それはねえ、やっぱりねえ、街宣車に乗って、いきなり脱《ぬ》ぎ始めるんだよ。「最後の一枚、どうしましょうか」って、みんなに訊《き》くわけ。「私の話を最後まで聴いてくれますか。そしたら、そのときに考えます」って言って、帰さないように縛《しば》り付ける。そのうち、おまわりさんが飛んでくる。それで大騒《おおさわ》ぎになって、雑誌記者が飛んでくる。

まあ、やっぱり、いろいろ事件を起こさなきゃいかんわねえ。

釈　その野球拳《けん》のようなこと以外で、人気が出る方法を教えていただきたいんです。

ビートたけし守護霊　それはねえ、年を取らないと無理だよ、あんたみたいに。

釈　年を取ると脱げなくなるんです。

ビートたけし守護霊　いやあ、そんなことはないっすよぉ。今ねえ、趣味《しゅみ》はいろいろ多様だから、老人ホームに行ったら、まだ行けますよ。

釈　（笑）私も、今度、考えてみます。

ビートたけし守護霊　ええ。まーだまだ行ける。

3　その〝成功〟の原動力

ギャップの原因は「劣等感《れっとうかん》・反発心・反抗心《はんこうしん》」

釈　先ほど、トクマが言ったように、たけしさんは、ギャップといいますか、「世界の北野《きたの》」になっても、かぶり物ができたり、偉《えら》い人になっていきながらも、自分を……。

ビートたけし守護霊　いやあねえ、やっぱり、ここは宗教だからねえ、もう、懺悔《ざんげ》させようとして、俺《おれ》を呼んでんだろう?

釈　いえ、違《ちが》います。

ビートたけし守護霊　どうせ、俺は、懺悔、懺悔、懺悔だ。「神様の前で懺悔しろ」「裸《はだか》の心で懺悔しなさい」「今までの罪を一切《いっさい》、懺悔したら、地獄《じごく》からちょっとだけ出してやる」と、まあ、そういうことらしい。

ギャップの原因は、そらあ、やっぱり、劣等感《れっとうかん》だし、反発心だし、反抗心《はんこうしん》だよ。

釈　ああ……。

ビートたけし守護霊　兄貴が優秀《ゆうしゅう》で、俺はバカだからさあ。親から、「生んどいてよかったよ」っていう、その一言をもらうために、人生があったようなもんだからさ、ほとんどなあ。

釈　ああ……。

ビートたけし守護霊　要《い》らんかった子だから。「北野武《きたのたけし》は巨匠《きょしょう》」と言う日本は「レベルが低い」？

トクマ　そうすると、やはり、芸能界に行く人たちには、そういう反発心というものが、けっこうあるのかもしれないですね。

ビートたけし守護霊　そうだね。やっぱ、それと、もともと〝斜《なな》め〟から入っていって、蟹《かに》みたいに横に歩いてみたり、〝縦〟に入ってみたり、いろいろしなきゃいけないところから、だんだん人気が出てきてな。

今、ようやく、何だか、大学の教授なんていうのにも任命されちゃったりしてね。

釈　すごいですね。

ビートたけし守護霊　驚《おどろ》きだよねえ。どんな大学なんだ？　これ、大丈夫《だいじょうぶ》かね。

釈　（笑）

ビートたけし守護霊　東京芸術大学って、ストリップの研究でもしてんじゃないか。

釈　「大学院の映像研究科の教授」ということですが。

ビートたけし守護霊　まあ、確かに、映像にはあらゆるものが入るからねえ。

釈　そういった、宗教であれば何とかしなければいけない欲望や劣等感などを逆にさらけ出せるところに、一般《いっぱん》のリスナーや視聴者《しちょうしゃ》のみなさんは、何となく共感したりするのでしょうか。

ビートたけし守護霊　うーん……。まあ……、確かに最初はさあ、ひどいところからスタートしてるからねえ。

釈　うーん。

ビートたけし守護霊　君らのなかには、ホワイトカラーでないのもいるのかもしれないけど、まだ、君らのほうがホワイトカラーに見えるわなあ。

だけど、そのへんから上がってさあ、最近は何だか、「巨匠《きょしょう》」と言われたり、「総理大臣候補、人気ナンバーワン」とか、「日本一の言論人」とかさ、もう、あってはならないような、嘘《うそ》か本当か分からないほめ言葉が出たりもするんだよね。

日本って、そんなにレベルが低いのかなあ。ねえ？

アジア文化交流懇談会《こんだんかい》に参加したのは勲一等《くんいっとう》をもらうため？

釈　四月十九日、たけしさんは、安倍晋三《あべしんぞう》政権が首相官邸《かんてい》で開いた「アジア文化交流懇談会《こんだんかい》」にも参加されました。

ビートたけし守護霊　そうなんだよなあ……。これは、〝取り込《こ》み〟だと思うけどね。いちおう、「話はない」と思うんだけどさあ。

釈　こうしたものに出て、「がっかりした」という方もいらっしゃいます。

ビートたけし守護霊　いや、やっぱり口封《くちふう》じだろうと思うよ、いちおう。

釈　口封じですか。

ビートたけし守護霊　だいたい、みんな呼んでるから。

釈　なぜ、たけしさんは、それに応じられたのですか。

ビートたけし守護霊　ええ？　これは、まあねえ、勲章《くんしょう》をもらうようになったら終わりだよ。人間な。もう人生、終わってんだよ。

釈　勲章をもらったら、人生は終わりなのですか。

ビートたけし守護霊　ああ。もう、フランスから勲章をもらったあたりで終わってる。

釈　ああ、なるほど。

ビートたけし守護霊　次は、「日本から勲一等をもらうかどうか」がかかっとるからさあ、頑張《がんば》らなきゃいかんじゃないか。

釈　今、六十六歳《さい》ということで、いろいろと人生を考えておられる感じですか。

ビートたけし守護霊　うん。そうなんだけど、まあ、君のねえ、三倍ぐらいの年齢《ねんれい》があるからさあ。

釈　三倍？

ビートたけし守護霊　うーん。

釈　（笑）はい、そうですね。

ビートたけし守護霊　もう、棺桶《かんおけ》が閉《と》じるのが近いからさあ、だから、最後は、「何をもらうか」だなあ。うーん。

「暴力映画だ」と言われるのは「きつい」

トクマ　戦後の日本は、どん底から這《は》い上がってきたじゃないですか。例えば、歌手で言えば、「永《えい》ちゃん」こと、矢沢永吉《やざわえいきち》さんも、そうですけど、僕《ぼく》は、たけしさんの生き方を見てると、それをすごく感じるんですよね。

ビートたけし守護霊　矢沢永吉とねえ……。

トクマ　はい。

ビートたけし守護霊　どっか似てるんかね。足の長さが似てるかなあ。

トクマ　（笑）いや、這い上がっていく生き方そのものが、です。

ビートたけし守護霊　ああ。はい。

トクマ　そういうところは、わりと僕らの世代にもあるんですけど、たけしさんは、そういう生き方をしているのに、素直《すなお》というか、自分をさらけ出していますよね。それで、先ほども話したとおり、「かぶり物なども全然平気でできる」というあたりのギャップに、みなさんは親しみを感じているんだと思います。
でも、僕が、「たけしさん、うまいな」と思うのは、暴力的なものもやるじゃないですか。

ビートたけし守護霊　うん。

トクマ　僕は、あれがずるいと思うんです。

ビートたけし守護霊　君、きついところを突《つ》いてきたな。

トクマ　ずるいですよね。

ビートたけし守護霊　すごく、きついところを突いてきたな。

トクマ　ちゃんと、「おまえら、なめると、ぶっ飛ばすよ」という釘《くぎ》も刺《さ》してるんですよ。

ビートたけし守護霊　ああ……。

トクマ　今日、僕は、気を遣《つか》って、「BROTHER《ブラザー》」の格好をしてきました（会場笑）。

ビートたけし守護霊　そこを大川隆法さんも言うんだよなあ。

俺の映画がフランスから表彰《ひょうしょう》されたりしてもさあ、「あんなのは暴力映画じゃんか」って言って、それで終わりだよ。芸術性を認めてくれないいんだよなあ。

だけど、ハリウッド映画だって、もっとスケールが大きいだけで、暴力は一緒《いっしょ》だよな。

過去世《かこぜ》を訊《き》かれたら、「答えは『座頭市《ざとういち》』と決めている」

トクマ　たけしさんの場合、「精神性をよく知っている」というか、漫才《まんざい》での空気とか、間《ま》とか、そういうものが上手ですよね。

ビートたけし守護霊　うん。君も間の抜《ぬ》け方がいいよ。本当にいい感じ。いい感じだな。

トクマ　あ、そうですか。トクマって言うんですよ（笑）。字が違うんですけど。

ビートたけし守護霊　間が抜けるよ（会場笑）。いい感じに抜けるわあ。

トクマ　例えば、たけしさんの映画を観《み》ると、人が笑っていたり、リラックスしていたりする楽しい雰囲気《ふんいき》のときに、首をスパーンと斬《き》るようなギャップがありますよね。

それで、雰囲気が一変してしまうところがあります。

ＴＶタックルを観ていても、たけしさんは、いつもコメントしていないんですよ。「ふんふんふん、ふんふんふん」と聞いていて、最後にズバッと斬るのは、ずるいですよねえ（会場笑）。

ビートたけし守護霊　いやあ、それは巨匠なんだよ。

トクマ　ああ、そうですか（笑）（会場笑）。

ビートたけし守護霊　もう、巨匠になったんだよ。今日は、過去世《かこぜ》を訊《き》いてくる人はいないよね。大丈夫。このメンバーなら大丈夫だよな。訊かないでしょ？

釈　いえ、過去世は、これから、おいおい訊かせていただきます。

ビートたけし守護霊　ああ。過去世を訊かれたら「座頭市《ざとういち》」って言うから（会場笑）。もう決めてるからね。

トクマ　ああ。

ビートたけし守護霊　フフフ……。

トクマ　座頭市ですか。

ビートたけし守護霊　（笑）

「人気のない政党なんて早くやめちゃえ」と〝アドバイス〟

司会　今、たけしさんの生き方にスポットが当たりまして……。

ビートたけし守護霊　ちょっと面白《おもしろ》くないよ。今日、俺は、こっち（幸福実現党）をトレーニングしに来たの。コーチで呼ばれたんじゃないの？

司会　（笑）ありがとうございます。訊きたいことなどがありましたら、どうぞ。

ビートたけし守護霊　いやあ、政党なんて早くやめちゃえよぉ。もう人気ないじゃない？　人気のない役者は辞《や》めるしかないんだよ。

司会　幸福実現党を、どうご覧になっているのか、お聴《き》かせください。

ビートたけし守護霊　「人気があるのに辞める」っていうのはつらい話だけどさあ、「人気がないから辞める」っていうのは、そんなに難しくないよ。

トクマ　でも、今、その最低のレベルから上がってきていますから。

ビートたけし守護霊　あ、そうなの？

トクマ　たけしさんの生き方とそっくりですよ。

ビートたけし守護霊　最低から上がってるんですか。

トクマ　はい。今、どんどん人気も上がっています。

ビートたけし守護霊　今、下がってるように見えるけど。

トクマ　いや。違いますよ。僕なんて、着ぐるみをつくって踊《おど》っていますから。

ビートたけし守護霊　ああ、そうですか。なんか、どんどん支持率が下がってるように見えてるんですけど。

尖閣《せんかく》でトクマがサメに食べられたら話題沸騰《ふっとう》だった？

司会　たけしさん、今、お話し中のトクマが尖閣《せんかく》に上陸したことは、ご存じでしょうか（『ジョーズに勝った尖閣男』〔幸福の科学出版刊〕参照）。

ビートたけし守護霊　うん。（サメに）食べられなかったところが駄目《だめ》だったね。食べられてたら、もう話題沸騰《ふっとう》だったねえ。

トクマ　（笑）

ビートたけし守護霊　そういう自己保身の心が出るのは、やっぱり、主の教えをちゃんと学ばないからだ。「その身そのままサメに捧《ささ》げる」ぐらいのつもりで、「この国を守る」という気持ちでやってたら、君はヒーローだ。でも……。

トクマ　サメにかじられてたら、たけしさんの番組に出させてもらえましたかね。

ビートたけし守護霊　もちろん。もう、松葉杖《まつばづえ》で出てきて、「日本のために戦いました。足一本捧げました」と。

トクマ　（笑）やはり、たけしさんは、日本が大好きというか、愛国心があるんですね。

ビートたけし守護霊　うん。俺、足は二本あるからね。まあ、大好きだよ。

釈　二本……。

ＴＶタックルに出るには、「視聴率《しちょうりつ》が上がる訓練」が必要

トクマ　たけしさん、今度、ＴＶタックルに出させてくださいよ。

ビートたけし守護霊　君が出るには、視聴率《しちょうりつ》がもうちょっと上がる訓練をしてもらわないと。

トクマ　僕は魚釣島《うおつりしま》で「憲法九条改正の歌」を歌わせてもらったんですが。

ビートたけし守護霊　あ、面白くない。全然、面白くない。

トクマ　（笑）

ビートたけし守護霊　やっぱりねえ、ギターを持って泳がなきゃ。背中に背負ってね

え、佐々木小次郎《ささきこじろう》風に泳がなきゃ駄目だよ。

トクマ　ギターをですか。

ビートたけし守護霊　うん、ギター。それで、「ギターが鳴らない。あーあ、このギター、十万円したのに」とか言って泣いてみせるところをやらんと面白くないなあ。

トクマ　やはり発想が面白いですね。

ビートたけし守護霊　最初からホウキで行くなんていうのは、君、ケチだわ。

トクマ　（笑）いやいやいや……。

ビートたけし守護霊　あかん。

トクマ　ギターは持っていったんですよ。

ビートたけし守護霊　ヘリコプターから落とすとか、遠くから投げるとか、何かで撃《う》つとかさあ、なんかあるだろうが。凧《たこ》で飛ばすとか。ああ？

トクマ　でも、あのとき、海上保安庁が厳しくチェックしてたんですよ。ギターを持ってたら、即《そく》、そこでアウトなんです。

ビートたけし守護霊　いや、何でアウトがいけないわけ？　つーか、捕《つか》まるのを目的に行かなきゃいけないんじゃないか。

トクマ　というか、湾《わん》から出られないんですよ。

ビートたけし守護霊　ああ、湾から出られないっていうことか。

トクマ　出られないと、何もできなくなっちゃうんで、それだけは……。

ビートたけし守護霊　船の底に付けるんだ。

トクマ　ああ。

ビートたけし守護霊　それで、潜《もぐ》って取って、そっから出撃《しゅつげき》すりゃあいいわけだよ。

トクマ　そのアイデア頂きます。

ビートたけし守護霊　うん。船の底に装塡《そうてん》しときゃあいいわけよ。

トクマ　はい。次は、それで行きますよ。

ビートたけし守護霊　ギターだって、ボックスがあるだろう？　あれを防水にする。

トクマ　（笑）

ビートたけし守護霊　海上保安庁を恐《おそ》れちゃいけないと思うな、僕は。恐れるんなら、行っちゃいけない。行く以上は、吉田松陰《よしだしょういん》みたいに首をはねられるところまで行かないと、面白くない。そこまで行かなきゃ、やっぱ本物じゃないな。

へそ曲がりが真《ま》っ直《す》ぐに見える「世間《せけん》のほうが曲がってる」

トクマ　たけしさんが若かったころは、そういう反発心から、今回の僕みたいな行動をしたんですか。

ビートたけし守護霊　「僕みたいな」って……。あんたは「たまに」でしょ？　僕は「毎日」だからさ。

トクマ　ああ、そんな感じがします。

ビートたけし守護霊　うん。毎日だからさあ。

トクマ　世間《せけん》に一石を投じていますもんね。

ビートたけし守護霊　うん。へそが曲がってたからね。まあ、よくこれで認められてきたもんだ。みんな、世間がなあ、ちょっとおかしいんだよ。この、へそが曲がってるのが、真《ま》っ直《す》ぐに見えるらしいんだ。だから、世間のほうが曲がってるんだよ。

トクマ　日本の流れというか、「空気」があるじゃないですか。

ビートたけし守護霊　うん。

トクマ　たけしさんは、それに対して一石を投じるようなことをスパンと言うことがあるんですよね。

幸福の科学や幸福実現党は、「海上保安庁のように見える」

ビートたけし守護霊　君らはねえ、〝海上保安庁〟なのよ。

トクマ　は?

ビートたけし守護霊　トクマじゃないのよ。君らは〝海上保安庁〟なのよ。幸福の科学と幸福実現党は〝海上保安庁〟なの。パトロールに来て、「法を破っています。駄目です。ここから上陸しちゃいけません」と言ってるのが、おまえらの宗教……、ああ、いやいや、君らの宗教なんだよ。だからね、〝海上保安庁〟なのよ。〝海上保安庁〟は芸をしないから、全然面白くない。〝海上保安庁〟は解散すべきですよ。やっぱり、昔の海援隊《かいえんたい》とか陸援隊《りくえんたい》とか、そのくらいのレベルまで落とさないと駄目ですよねえ。

釈　ふーん、なるほど。

ビートたけし守護霊　いやあ、〝海上保安庁〟なんですよ、君らは。

釈　「イメージとして、そう見えている」ということには、「なるほど」と思うところがありますね。

ビートたけし守護霊　「なるほど」と思うでしょう？　マスコミも何も言わないでしょう？　それは君らが〝海上保安庁〟だからですよ。

だから、マスコミが批判なんかを書いたり言ったりしたら、すぐ広報局が飛んできて、「訴訟《そしょう》にしますか。お詫《わ》びにしますか。それとも、何か献本《けんぽん》を受けて改心しますか」と言って……。

釈　海上保安庁というよりは、私たちは日本を守るためにやっているので……。

ビートたけし守護霊　おお、海上保安庁じゃん。

釈　（苦笑）

ビートたけし守護霊　ハハ……、それ見ろ。語るに落ちたりだよ。

釈　いえ。海上保安庁は、魚釣島を守るためだけにやっていますけど……。

ビートたけし守護霊　あれは、自衛隊に昇格《しょうかく》して……。

釈　私たちは、世界的な視野で見ています。

「〝紙つぶて〟はあるが〝実弾《じつだん》〟がない」との批判

ビートたけし守護霊　しかし、〝実弾《じつだん》〟がない。

釈　実弾？

ビートたけし守護霊　〝自衛隊〟になるには、〝実弾〟がない。君たちには〝実弾〟がないから駄目だな。

釈　〝実弾〟って何ですか。

ビートたけし守護霊　〝実弾〟とは、もう一段、破壊力《はかいりょく》の強い武器だな。

釈　ああ、なるほどねえ。

ビートたけし守護霊　〝実弾〟がないんだよ。〝紙つぶて〟までしかないからな。

釈　ああ。

ビートたけし守護霊　〝実弾〟がないよな。うん。俺みたいに、バイクごとガードレールに突っ込むとかさあ、武器を持って殴《なぐ》り込むとかさあ、そこまで行ったら〝実弾〟だよ。

幸福の科学だって、『フライデー』攻撃《こうげき》に行ったけどさあ、二百人ぐらいでなだれ込んだけど、武器を持たずになだれ込んだんじゃあ、〝フェア〟でないよ。みんなで武器を持ってなだれ込んだら、完全に逮捕《たいほ》できる。二百人を集団逮捕できるからさあ。

釈　「座頭市」の映画ではありませんし、そこまでやったら、宗教が潰《つぶ》れてしまうので、できません。

ビートたけし守護霊　それがいかんのだ。潰すつもりで行かないといかん。みんなで角棒を持って、二百人がなだれ込んだら、いくら何でも警察も逮捕せざるをえなくなるけど、手ぶらで入っていくから、あれがいかんのだよ。なあ？

テレビ司会者になるには、「もう一段のキレが要《い》る」

トクマ　参考になる部分と、ちょっと逸脱《いつだつ》している部分がありますねえ。

ビートたけし守護霊　いや、今の君の存在そのものだよ。

トクマ　はあ？　そうですか。

ビートたけし守護霊　うーん。アッハハ……。

司会　どうしても、エンターテインメントというか、そちらのほうになってしまうので……。

ビートたけし守護霊　そうだ。真面目《まじめ》に行こう。真面目に行こう。

司会　ぜひ、政治の……。

ビートたけし守護霊　司会者の力量なんだよ。

司会　はい。頑張ります。

ビートたけし守護霊　あんた、テレビに出してもらえないだろう？

司会　ええ？（笑）

ビートたけし守護霊　ラジオで止まってるんだから。テレビに出るためにはねえ、もう一段のキレが要《い》るわ、キレが。

司会　ありがとうございます。

ビートたけし守護霊　スパーッと話題を切ってねえ、乗り込んできて、面白いことを言わさないといかんわけよ。

司会　そうですね。

ビートたけし守護霊　今、〝視聴率〟が、どんどんどんどん、一桁《ひとけた》に向かって下がっていってるところだ。ワーッて。

司会　さあ、上げていきましょう（笑）。

4　霊界《れいかい》観・死生観に迫《せま》る！

霊界《れいかい》では、過去の霊言《れいげん》等が全部〝録画〟されている

釈　ところで、ちょっとお伺《うかが》いしたいのですが、あなたは、たけしさんの守護霊でいらっしゃいますよね？

ビートたけし守護霊　まあ、そういうことになっとるわなあ。憑依霊《ひょういれい》かもしらんけども、本人によく似てるから、守護霊と称《しょう》している。

釈　先日、古舘伊知郎《ふるたちいちろう》さんや田原総一朗《たはらそういちろう》さんの守護霊をお呼びして対決したのですが……（前掲《ぜんけい》『バーチャル本音対決』『田原総一朗守護霊 vs. 幸福実現党ホープ』参照）。

ビートたけし守護霊　ああ。知ってる。

釈　見ていました？

ビートたけし守護霊　見てはないけど、知っている。

釈　どうやって知ったのですか。

ビートたけし守護霊　いやあ、霊界《れいかい》にもねえ、トーキー（発声映画）ってあるんだよ。いや、トーキーじゃない、無声映画みたいなのがあって、こう巻き戻《もど》して観《み》れるんだよ。もう一回。再上映っていうの？

釈　ああ……。

ビートたけし守護霊　「ビートたけしさん、出番です」と来たら、「ああ、その前に二人やったなあ」と、これをピーッと巻き戻して観る。「ああ、田原は、やっぱ、あかんなあ。顔が悪いわ」とか、分かるわけよ。

釈　（笑）ということは、あの世でも、そういうチェックができるのですか。

ビートたけし守護霊　ちゃんと、全部、〝録画〟されてる。テレビ局のあれと一緒《いっしょ》だよ。

以前に霊言《れいげん》を収録した古舘《ふるたち》守護霊・田原《たはら》守護霊の反応は？

釈　それを観て、どう感じられましたか。

ビートたけし守護霊　前の人？

釈　はい。

ビートたけし守護霊　まあ、それはちょっと、出演上の問題が出てくるので、多少、遠慮《えんりょ》して言わなければいけないけども、まあ、古舘《ふるたち》（守護霊）は、今ねえ、もう震《ふる》え上がってる。

釈　震え上がっている？

ビートたけし守護霊　うーん。怖《こわ》いんだ。

釈　ほおお……。

ビートたけし守護霊　次の〝一太刀《ひとたち》〟が怖い。これで止まってくれるかどうか、非常に怖がっている。

釈　「次に、どう来るか」ということですか。

ビートたけし守護霊　うん。古舘（守護霊）は怖くて、今、〝奮い立たない〟状態でいるねえ。「今度、刺《さ》されたら危ない」と思ってるので。

釈　「芸能生活が終わってしまう」ということですか。

ビートたけし守護霊　うん。すごーく用心してる。

釈　へええ……。

ビートたけし守護霊　田原《たはら》さん（守護霊）のほうは、若い写真を（本の表紙に）使ってくれたんで、喜んでる（会場笑）。

釈　ああ。

「宗教ネタ」で笑いを取ると不謹慎《ふきんしん》だから苦手

釈　霊界で交流があるのは、どのような方々ですか。

ビートたけし守護霊　まあ、「交流のある」って言っても、私の場合は、だいたい、総理大臣クラスしか相手してないけどね。

釈　総理大臣クラス？

ビートたけし守護霊　うん。大統領とかね。だいたい、そのクラスしか相手にしないけどもね。

釈　（苦笑）具体的に名前を出せますか。

ビートたけし守護霊　ああ、出せない。アハッ。

釈　（笑）

ビートたけし守護霊　だけど、調べたら、いるでしょう？

釈　以前、たけしさんが原付バイクで事故を起こしたときに、「一緒にテレビに出ていた逸見《いつみ》政孝《まさたか》さんが、夢に出てきた」というエピソードがありますよね。

ビートたけし守護霊　僕《ぼく》に、宗教ネタで話をさせるつもり？

釈　亡《な》くなった逸見さんが、「まだ死んじゃいけない」と言いに来てくれたという……。

ビートたけし守護霊　宗教ネタをやるとねえ、笑いが取れないんだよ。

釈　ああ。

ビートたけし守護霊　笑いを取ったら不謹慎《ふきんしん》だからさあ。あんまり宗教ネタはよくないんだよ。

司会　でも、視聴者《しちょうしゃ》のみなさんにとって、そこがいちばん知りたいところではないでしょうか。人生観の部分が……。

釈　今、ちょっと〝視聴率〟が上がっているかなと思って、こういう話をさせていただいたんですけれども……。

ビートたけし守護霊　どんどん下がってるよ。今、もう、焼香前《しょうこうまえ》に入ってる雰囲気《ふんいき》だからさあ。

釈　そうですか。

ビートたけし守護霊　うーん。

景山民夫《かげやまたみお》氏は「霊言集《れいげんしゅう》を出してもらえなくて怒《いか》り心頭《しんとう》」？

釈　それでは、少し話題を変えましょう。あの世で景山民夫《かげやまたみお》さん（直木賞作家。元・幸福の科学本部講師）を見たことはないですか。

ビートたけし守護霊　あのー、幸福実現党の話をしないか？

釈　幸福実現党……。

ビートたけし守護霊　景山さんはねえ、だいぶ前から霊言集《れいげんしゅう》を希望しているのに、「差別を受けて、出してくれない。関係ない人ばっかり出てる」ということで、非常に、怒《いか》り心頭《しんとう》に発して、今、地獄《じごく》界に堕《お》ちる寸前らしいわ（会場笑）。

やっぱり、嫉妬《しっと》、怒り、憎《にく》しみはよくないね。人気のある者に対して嫉妬したら、天上界《てんじょうかい》にいても地獄へ堕ちる。幸福の科学で勉強しても、やっぱり堕ちることは堕ちる。気をつけなきゃいけない。

ビートたけし（守護霊）の本の人気が出たりしたら、ちょっと大変なことになるね。立場が逆転しちゃう可能性があるじゃないですか。

原付バイク事故後に得た「死生観」とは

司会　たけしさんが、事故後に書かれた『顔面麻痺《まひ》』という著作には、死生観の揺《ゆ》らぎが見られる表現がありました。ぜひ、そのあたりの、「命とは何か」「死とは何か」について、どう考えていらっしゃるか、教えてください。

ビートたけし守護霊　いやあねえ、まあ、人は死ぬもんですよ。死んだときに、どうしても泣くまねをしなきゃいけないのは、母ちゃんのときだけだよな。あとは、まあ、いいんだよ。

俺《おれ》が死んだら、泣く人が何人いて、何人が笑うか。やっぱり調査したいと思ってるよ。それで、笑ったやつは、みんな地獄に行かせるつもりでいるけどね。

だいたい、俺は、あんまり、ああいう儀式《ぎしき》は好きじゃないんだよ。アフリカ人の何とかさんみたいにさあ、焼香の代わりに、あれをつかんで食べるようなのが好きだなあ。ああいう日本的なのは、そろそろ卒業したほうがいいねえ。もう、葬式《そうしき》なんか要《い》らないんじゃないかなあ。もうほんとに、東京湾《わん》でパーッと撒《ま》いてくれたほうが、気持ちいいなあ。気持ちとしては、フカの餌《えさ》になってもいい。

釈　ああ、なんか非常にいいですね。魅力《みりょく》的で。

ビートたけし守護霊　いい感じになった？

釈　はい。いい感じだなあと思います。

ビートたけし守護霊　じゃあ、「ビートたけし教」に変えようか。

釈　いえいえ（笑）。

ビートたけし守護霊　「大川隆法引退につき、ビートたけし登場。それで、こちらは、お笑いのほうに参入して、もう一回、練習してもらう」と。

5　政治家の条件とは？

幸福実現党の主張は正しいが「的中率」を誇《ほこ》ると危ない

釈　ここで、幸福実現党の話に変えていきたいと思います。

ビートたけし守護霊　あなたが当選するかどうか、占《うらな》えって？

釈　ええ。占っていただければ……。

ビートたけし守護霊　宗教的に占えって？　駄目《だめ》。絶対無理だよ。

釈　絶対無理ですか。

ビートたけし守護霊　絶対無理、絶対無理。僕《ぼく》をねえ、やっぱり、ホテルに誘《さそ》えるぐらいの魅力《みりょく》がなきゃ絶対駄目。

釈　（苦笑）なるほど。そちらのほうですか。

ビートたけし守護霊　うん。

釈　あのー、どういう状態になったら、幸福実現党が……。

ビートたけし守護霊　あ、だいぶ怒《おこ》ってきた（会場笑）。口がガァーッとなって、もうすぐ牙《きば》がグウーッと生えてきて……。

湊　たけしさんは、幸福実現党の主張に対し、まだ「怖《こわ》い」とか「ホラーだ」とか思っていらっしゃいますか。

ビートたけし守護霊　いやあ、じっつに正しいと思いますよ。じっつに正しいと思います。じっつに正しいけども、あんまり的中率を誇《ほこ》ってると危ないんじゃない？　的中すると、日本の不幸が起きるわけだから、「外れてくれることを望みながら予言する」っていうのは、非常に危険な政党だよ。だから、当たろうが外れようが潰《つぶ》れる政党なんじゃない？

湊　ああ。

ビートたけし守護霊　中国に占領《せんりょう》されたら、日本がなくなって、どうせ政党もなくなる。な？　逆に、占領されなかったら、「ああ、予言が外れた」ということで、人気がなくなる。両方ともなくなるじゃん。だから、「第三の道」を選ばなければいけない。

立候補する前に「スター」を目指したほうがいい？

湊　なくならないようにするために、今、私たちは頑張《がんば》っているのですが。

ビートたけし守護霊　それは、あのー、もう政党を「スター養成部」に移して、そちらで、スターを目指す運動をしたらいいよ。

湊　ああ。

ビートたけし守護霊　スターのほうから入って、お笑いネタからでも、歌からでも入ってきて、そして、人気が出て、視聴率《しちょうりつ》を取れるようになったら、立候補する。それでやったら通るよ。迂回《うかい》戦でね。

湊　スター性を持ちつつ、政治的知識も持って、日本の将来を担《にな》っていくわけですね。

ビートたけし守護霊　そうそう、そうそう。政治的知識はねえ、あんまり要《い》らないんだよ。言ってもねえ、みんな分かってないから、全然。うん。分かってないから、ビートたけし以上の政治的知識を持っちゃいけない。これは日本の〝法律〟なんだよ。〝憲法第一条〟に書いてある（会場笑）。

湊　書いてないです。

「日本の〝実質天皇〟はビートたけしだ！」と豪語《ごうご》

ビートたけし守護霊　天皇陛下は日本人の総意によって置かれているわけだからね。あっ、でも、今、日本の天皇陛下って、ビートたけしのことだからね。あっちは象《しょう》徴《ちょう》で、こちらは実質だから。

湊　そうですか。

ビートたけし守護霊　うん。〝実質天皇〟が、ビートたけし。

トクマ　たけしさんは、もし大統領制になったら、当選すると思いますか。

ビートたけし守護霊　もちろん、当選するでしょうねえ。安倍《あべ》さんよりは上に行くと思うね、間違《まちが》いなく。うん。まあ、安倍さんをダブルスコアで負かすんじゃないかな？　安倍さんは、たぶん、四十三パーセントぐらいだろうと思うんだよ、私の感じでは。それで、私は八十六パーセント取ると思うんだよな。

湊　すごく政治に関心があるんですね。

ビートたけし守護霊　うん。あるねえ。ありますねえ。もう最後の〝打ち上げ花火〟だなあ。

湊　それは、何かの欲望から来るものなんですか。

ビートたけし守護霊　やっぱりねえ、あの世から、母ちゃんにも父ちゃんにも、「おまえを生んどいてよかったよ」と、もう、百万回ぐらい言わせてやりたい気持ちはあるなあ。

「芸人は食えないものだ」と心配する母親たち

湊　たけしさんの本で、「お母さんに毎月お小遣《こづか》いを渡《わた》していたら、お母さんはそれを全部貯《た》めていて、亡《な》くなる直前に、それをお母さんから渡された」という話を読んだことがあり、すごく感動しました。

ビートたけし守護霊　まあ、大した金じゃないよ。そんなの、あんまり大した金じゃないけどなあ。

だけど、「芸人っていうのは食えないもんだ」と思ってるよな。トクマの母ちゃんもそう思ってると思うけどさ、「『芸人には食えないときが来る』と思って、そのときのために貯めとった」っていう話だよな。まあ、かすかな美談だねえ。

湊　「心配をかけてきたお母さんに、何とか恩返しがしたい」という気持ちですか。

ビートたけし守護霊　俺《おれ》の弟子《でし》のおっかあのなかには、俺の所へ来て、三千円を渡したりする人がいるぐらいだからねえ。「芸人は、食うのが大変だろう。これで、おいしいもんでも食べなさい」って、三千円を封筒《ふうとう》に入れて渡したりするんだよ。「要らない」って言うのに、「そう遠慮《えんりょ》せんでいいから……」みたいに、こう突《つ》っ込《こ》んでくるからさあ。

湊　うーん。

ビートたけし守護霊　芸人って、それほど「食えない」と思われてるんだ。

釈　ええ。リストラ芸人という方もいらっしゃいましたので……。

ビートたけし守護霊　まあ、確かに、芸人の世界にも、そういうのはあるけどねえ。

釈　たけしさんも面倒見《めんどうみ》がすごくいいですよね、たけし軍団の。

ビートたけし守護霊　トクマさんも、実際は、歌手のまねをして、ホウキ屋をやってんだろう？　自宅でホウキをつくって、ホウキの通信販売《はんばい》をやってるんだろ？

トクマ　いやあ、違います。

ビートたけし守護霊　あ、違うの？

トクマ　はい。違うものです。

ビートたけし守護霊　あ、掃除機《そうじき》かあ？

トクマ　洋服です。アパレルです。

ビートたけし守護霊　アパレル？　そんな言葉、分かるわけないじゃない。アパレルを日本語で説明してみたまえ。

トクマ　まあ、洋服稼業《かぎょう》ですよね。

ビートたけし守護霊　全然分からない。

トクマ　洋服販売。

ビートたけし守護霊　全然分からない。

トクマ　うーん。アパレルって、日本語で何て言うんですかね。

ビートたけし守護霊　日本語でねえ、「あばれる」（暴《あば》れる）って言うんじゃないの？ 違うかったか。

政治家になる人に必要な「独特のオーラ」をつくり出す方法

ビートたけし守護霊　まあ、あのー、何の話がしたいかというと、君たち、どう見てもオーラが足りないんだな。政治家になる人にはねえ、やっぱ、独特のオーラが……。

釈　独特のオーラ？

ビートたけし守護霊　うん。特に、最初に当選するためにはねえ、もう、処女を攻略《こうりゃく》するぐらいの突破力《とっぱりょく》が必要だね。そのくらいの感じか、その人が通っていくと周りの空間がグワッと歪《ゆが》んでくるような感じの、何て言うの？　もう、パラレルワールドを行き来しているような、そんな感じね。もう、この世とあの世を真《ま》っ二《ぷた》つに、モーセのように割っていくような、そんな力が必要ですねえ。

釈　ああ。なるほど。

ビートたけし守護霊　なんか、そうした雰囲気《ふんいき》を、なくてもあるようにつくり出す。毎日、家で、呪文《じゅもん》を唱え、一生懸命《いっしょうけんめい》、ウンウンウンウンウーンと、タヌキ大明神《だいみょうじん》に祈《いの》りながら、こう……。

司会　タヌキ大明神？

ビートたけし守護霊　そういう雰囲気をつくり出して、それから、出撃《しゅつげき》するんだよ。そうすると、みんなにオーラが見えるようになるんだよ。

釈　ああ。

ビートたけし守護霊　「私のオーラが見えますか?　見えない?　見えない方は問題です。心に悩《なや》みがあります。あなたは宗教に入る必要があります」と言って、票を入れてくれない人は宗教に入れて、票を入れてくれる人は自分の応援《おうえん》者にしていかなきゃいけない。

トクマ　それだと、絶対、落選しそうですね（会場笑）。

ビートたけし守護霊　そんなことありませんよ。私が大統領に立候補したら……。

「従軍慰安婦問題《じゅうぐんいあんふ》」の橋下《はしもと》発言は下《しも》ネタ?

司会 さあ、この先も真面目《まじめ》なやり取りになるかどうかは分かりませんが。

ビートたけし守護霊 ずーっと真面目な話をしてんだよ。

司会 (笑) 失礼いたしました。先ほど、湊さんから「政治に興味がおありなんですね」と言われていましたし、TVタックルでも、政治トピックスを取り上げて、毎週、届けていらっしゃるので、TVタックルのように、個別具体的な議論に挑戦《ちょうせん》してみませんか。

(質問者に)「この問題について、たけしさんはどう思っているのだろうか」という、何か投げかけがありましたら……。

ビートたけし守護霊 とにかくねえ、私は、放送禁止用語と放送禁止内容でなけりゃ、答える気はないからね（会場笑）。

司会　（笑）

釈　最近、従軍慰安婦《じゅうぐんいあんふ》の問題について発言されていますが、これについては、どう考えておられますか。

ビートたけし守護霊　これは放送禁止ではないのかね。

司会　もう遠慮なく言ってください。

ビートたけし守護霊　従軍慰安婦がどうしたの？

釈　たけしさんは、橋下《はしもと》さんの従軍慰安婦問題に対する発言について、「よりによって下《しも》ネタか」と言っておられましたよね。「落ち目のアイドルは下手すればAVに出るが、それと同じように下半身ネタに頼《たよ》ってしまった。カッコ悪いにもほどがある」という見解を述べ、「よりによって従軍慰安婦か」というように話されたようですが。

ビートたけし守護霊　ちょっと、下ネタをやるにはねえ……。彼は、せっかくいい感じで攻《せ》めてたのにさ。あれで、「大阪《おおさか》のおっさん」っていう感じが出すぎたよなあ。

同じ発言内容でも、「俺《おれ》が言ったらギャグネタに使う」

釈　それは、今のたけしさんの路線に似ているではないですか。

ビートたけし守護霊　いやあ、それはねえ、でも、政治家なんだろう？「国会議員を束ねて、総理大臣になろうか」って、去年、言ってたんだろう？

釈　はい、はい。

ビートたけし守護霊　だから、同じ内容でも、言う人によっては違《ちが》う。俺が言ったら、たぶん問題にはならないので、ギャグネタに使うと思うけどな。

俺なら、「韓国人《かんこく》のばあちゃん、まだ現役《げんえき》かい？　よかったら帝国《ていこく》ホテルで待ってるから」とか言っちゃうな。まあ、それで終わっちゃうかもしれない。

だから、人によって、同じネタでも違ってくるわなあ。

大川隆法が同じ問題を受けたらどうなるか。面白《おもしろ》いと思うなあ。「従軍慰安婦、どうですか」って訊《き》かれて、「いやあ、私も経験してみたかったですね」と言わしてみたいなあ。一言、「ちょっと生まれるのが遅《おそ》すぎたのが残念です」とか言ったら、急に人気が出ると思うなあ。

釈　（苦笑）ああ、なるほどねえ。

ビートたけし守護霊　「戦前に生まれてたら、私も、実際に、『真実は何か』を見極《みきわ》めることができたのに残念です」って、真顔で言ったら、受けると思うなあ。

この世にあるのは「事実」ではなく「評価」だけ？

湊　たけしさんにとっては、「面白いか、面白くないか」が大事で、「歴史的事実としてあったか、なかったか」については、どちらでもよいわけですね？

ビートたけし守護霊　いやあ、「事実」っていうのはねえ、ないんだよ。この世には、事実っていうのはなくて、「評価」しかないんだよ。同じように見えるものは、一つもないんだ。

だから、ここに何人かいるけども、同じように見えてる人は一人もいないんだ。全部違うように見えてるの。あなたがたの顔も、私の顔も、私のしゃべっている内容も、みんな違うように見えてるの。「事実」はなくて、「評価」しかないのね。「その評価をどう受け取るか、どう感じるか」っていうことしかないわけ。

その「評価の集合体」が「事実」というふうに受け取られてるだけなんだ。

（湊に）あなただって、同じことを百回言い通せば、そういう人だと思われるわけですよ。「私の守護霊はマーガレット・サッチャーです」と、あんたが百回繰《く》り返して同じ所で言うたら、みんな信じるようになる。

釈　それは、中国や韓国が、百万回言って「事実」にしていくのと同じですよ。従軍慰安婦だって……。

ビートたけし守護霊　それだけ言うのは、なかなか根気が要るわねえ。

釈　その点でよくないのが、今の日本ですよね。言われっ放しで、ずーっと来ていますけれども、それでは切り返せません。

ビートたけし守護霊　（釈に）あんたなんか、「私、その時代に生まれてたら、従軍慰安婦として兵隊さんに協力したかった」って、一言、テレビで言ったら、すごい人気が出るな。

釈　ああ、そうかもしれないですね。

ビートたけし守護霊　うんうん。

釈　ちょっと考えます（笑）。

ＴＶタックルは「日本人をバカにするための番組」なのか

釈　最近は、ほかにも、いろいろなテーマについて発言されていますよね。たけしさんは、憲法に関しては護憲派のカテゴリーに入っているようですが、先日、ＴＶタックルでは、中国の問題を扱《あつか》っていました。

ビートたけし守護霊　あんた、あんなテレビ観《み》てるの？

釈　昨日、慌《あわ》てて観ました。すみません（笑）。

ビートたけし守護霊　あんまり観ないほうがいいよ。

釈　はい（笑）。

ビートたけし守護霊　もう、観てると頭が悪くなるからさあ。

釈　でも、すごく勉強になる内容ではありますよね。

ビートたけし守護霊　いやあ、ならないならない。頭が悪くなるから、勉強をちゃんとしたほうがいいよ。あの番組は、日本人をバカにするためにやってるんだ。

釈　ええ!?

ビートたけし守護霊　日本人をバカにすることによって、自分らが偉《えら》くなれる番組なんだからさあ。

釈　ああ。そうなんですか。

ビートたけし守護霊　そうなんだよ。みんながバカになってくのが分かるからね。自分だけはならないと思って、ほかの人がバカになっていくのを見て、すっきりしてるのよ。

釈　へええ……。

ビートたけし守護霊　まあ、そういう番組なんだよ。

釈　なるほど。

任命されれば「総理大臣でも大統領でも演じられる」

釈　たけしさんは、日本について、率直《そっちょく》に、どう考えているのですか。

ビートたけし守護霊　まあ、そらあねえ、総理大臣でも、大統領でも、任命してくれれば、それなりに演じてみせますよ、私は。

釈　ああ。演じるんですね。

ビートたけし守護霊　ホワイトハウスの大統領の椅子《いす》に一回座《すわ》ってみたいね。ハリウッド映画には、よくホワイトハウスが出てくるじゃないですか。大統領が決意して、「宇宙人と戦う」とか、「怪獣《かいじゅう》と戦う」とか、「テロと戦う」とか、いろいろあるじゃないですか。やってみたいなあ。

「日本中、不幸にしたい」というのが本音？

トクマ　たけしさんは、人間が好きですか。

ビートたけし守護霊　え？

トクマ　人は好きですか。

ビートたけし守護霊　人間？　食べるのは好きだけど。

釈　ええ？

ビートたけし守護霊　人間を食べる（人を食う）のは大好きだけど、もう……。

トクマ　たけしさんは、人を笑わせたり、喜ばせたりするのは好きですよね？

ビートたけし守護霊　そうかねえ。

トクマ　そうじゃないんですか。

ビートたけし守護霊　好きじゃないよ。あれは難行苦行《なんぎょうくぎょう》ですねえ。やっぱねえ、人っていうのは、笑ってくれないんですよ。うん。冷たいですよ。

トクマ　いや、ですから、逆に、「人を幸せにしたい」という気持ちが強いような気がするんですよ。

ビートたけし守護霊　いや、全然！　そんなこと、全然、思ってないですね。

トクマ　思っていないですか。

ビートたけし守護霊　ええ。もう、「日本中、不幸にしたい」と思ってます。日本中、不幸にしたら、あなたがたの仕事ができるから。

天皇陛下か始皇帝《しこうてい》になれたら「面白《おもしろ》い」

トクマ　結局、自分の劣等感《れっとうかん》を引っ繰り返したいだけなんですね。

ビートたけし守護霊　いや、もう、劣等感は引っ繰り返ったんだよ。君らも、フランスから勲章《くんしょう》をもらってみろよ。そしたら、対等にものを言っていい。

トクマ　でも、そんな……。

ビートたけし守護霊　もう引っ繰り返ったのよ。

トクマ　ただ、自分がトップに立ちたいわけですよね？

ビートたけし守護霊　うん。ああ、天皇陛下になりたいなあ。総理大臣じゃ面白《おもしろ》くない。もうちょっと上まで行きたいなあ。

トクマ　天皇陛下になりたいですか。

ビートたけし守護霊　うん。天皇陛下になりたい。

湊　天皇陛下になったら、何をされるのですか。

ビートたけし守護霊　象徴になりたい。象徴でもいい。

湊　ああ、もう象徴だけで?

ビートたけし守護霊　うん。雲の上で……。

湊　存在するだけで?

ビートたけし守護霊　うん。左うちわで、「ああ、ええ感じだ」っていうのがやりたい。

トクマ　それで、自分だけは頭がよくて、周りの人がバカになっていくという……。

ビートたけし守護霊　ああ。できればタイムマシンに乗って、秦《しん》の始皇帝《しこうてい》になりたい。
あのあたりがええなあ。

トクマ　それが楽しいんですか。

ビートたけし守護霊　ああ。面白い。想像するだけでもワクワクする。

「困っている人たちを助けること」には関心がない

トクマ　ただ、みんながすごく悲しい顔をしたらどうですか。

ビートたけし守護霊　あ？　みんなが？　悲しい顔をしたら？

トクマ　はい。

ビートたけし守護霊　笑わせるよ。

トクマ　あ、やっぱり笑わせたいんですね。

ビートたけし守護霊　うん。うん。

トクマ　優《やさ》しいじゃないですか。

ビートたけし守護霊　いや、そんなことない。ローマのコロッセウムだってさあ、キリスト教徒をライオンに食わせたら、みんな笑って喜んでたの。あれは楽しいよ。

トクマ　ああ、シルク・ドゥ・ソレイユみたいなショーですか。

ビートたけし守護霊　うーん。

トクマ　例えば、「ここに橋を架《か》けてほしい」とか、「この道路を舗装《ほそう》してほしい」とか、そういう困っている人たちがいたら、どうするのですか。

ビートたけし守護霊　そういうのには、関心ないなあ。

トクマ　関心がないですか。

ビートたけし守護霊　うん、あんまりない。

トクマ　では、あまり政治家向きではないですね。

ビートたけし守護霊　しかし、テレビを持ってきたら、関心はある。あるいは、テレビカメラを持ってきたら、突如《とつじょ》、働き始めるね。うん。突如、橋をかけ始めたりするかもしれない。

トクマ　けっこうさみしい人ですね。

ビートたけし守護霊　そうなんですよ。やっぱり、独創っていうのは、孤独《こどく》のなかから生まれるんだよ。うーん。

「人を引っ張り上げてやろう」というのが事故以降の志

トクマ　たけしさんは、例えば、蓮舫《れんほう》さんを引っ張り上げましたよね。

ビートたけし守護霊　ああ。

トクマ　蓮舫さんは覚えていますか。

ビートたけし守護霊　覚えてますよ。

トクマ　たけしさんが、彼女を引っ張り上げたんですよ。

ビートたけし守護霊　うん。

トクマ　彼女は、どこが魅力だったのですか。

ビートたけし守護霊　まあ、魅力なんか何にもないけどね。

トクマ　（笑）

ビートたけし守護霊　魅力が何にもない人を、魅力があるように見せるのが、腕《うで》じゃないですか。

釈　ああ……。

ビートたけし守護霊　いやあ、私はねえ、君らみたいに、「自分が成功したい」っていう境地は、もう通り過ぎたんですよ。もう、そういう境地は通り過ぎたんです。自分の評価は、もう十分、得たからね。生まれ育ち、経験から見りゃ、十分、成功したから、「これからは、自分と同じように、まだ認められてない人を引っ張り上げてやろうかな」ということを、特に、顔面事故以降は志すようになったんだ。

トクマ　優しいですねえ。

これからの政治家には「スター性」「タレント性」が要《い》る

司会　たけしさん、幸福実現党のみなさんは、なかなかマスコミに取り上げられずにいます。

ビートたけし守護霊　あ、そう。

司会　しかし、一定の評価をしてくださってはいるようなので、ぜひ、彼らに光を当てて、引き上げていただければと思うのですが。

ビートたけし守護霊　うーん、いちおう〝試験〟を受けてもらわなきゃいけないねえ。

司会　どんな試験ですか。

ビートたけし守護霊　まあ、帝国ホテルは、ちょっと値段が高すぎるから……。

司会　（笑）また、そちらですか。

ビートたけし守護霊　もうちょっと安いところで〝面接試験〟を受けてもらわないといけないいね。やっぱり、素質があるかどうか、見極めないといけないからねえ。

司会　どうしても、そちらのほうに、はぐらかされてしまうのですが……。

ビートたけし守護霊　いやあ、でもねえ、これからの政治家には、やっぱり、スター性……、まあ、スター性と言えば響《ひび》きはいいが、タレント性でもいいし、テレビ映りでもいい。ラジオはそれほどでもないが、テレビに出て人気が出ないタイプは、これからは厳しいね。

そういう意味でのスター性、タレント性は要《い》るので、共通する面が半分はあるわなあ。それに、「まともな言葉が使えるかどうか」というのもあるだろうけどね。

6 「悪魔《あくま》」を騙《かた》る！

マスコミの未来は「真っ暗だ」

釈　マスコミの未来については、どのように見えていますか。

ビートたけし守護霊　マスコミの未来は、真っ黒ですよ。

釈　真っ黒？

ビートたけし守護霊　真っ黒……、真っ暗だ。

釈　真っ暗？

ビートたけし守護霊　うん。

釈　でも、その真っ暗なマスコミで……。

ビートたけし守護霊　闇夜《やみよ》に光を放つ者、それが〝エル・カンターレ　ビートたけし〟だよ。

釈　（苦笑）エル・カンターレは〝永遠のライバル〟？

釈　エル・カンターレに関しては、どう思っていますか。

ビートたけし守護霊　もうねえ、エル・カンターレはねえ、〝ライバル〟ですよ。〝永遠のライバル〟です。

釈　〝ライバル〟ですか。

ビートたけし守護霊　〝永遠のライバル〟ですよ。ええ。〝永遠のライバル〟です。ただ、私が今、ややリードしてますね。

釈　（苦笑）

ビートたけし守護霊　ややリードしてます。年齢《ねんれい》で。

釈　また、何か〝罰《ばち》〟が当たりますから、少し気をつけないと。

ビートたけし守護霊　年齢的にリードしてますから、これは超《こ》えられないでしょうね。年齢的にはね。

あと、「内容が悪いのに評価を得てる」という意味でも、私がリードしてますね。

釈・湊　ああ。

ビートたけし守護霊　こちらのほうが内容はいいけど、評価が低い。私は内容が悪いけど、評価が高い。この分ではリードしてますね。これは明らかに、「私の技《わざ》が勝《まさ》ってる」ということですね。
だから、この分で、やっぱり、まだ〝ライバル〟として、コンペティションが成り立ってますねえ。

逮捕《たいほ》者が出なかった幸福の科学の「フライデー事件」の謎《なぞ》

釈　エル・カンターレへの尊敬の気持ちはありますよね？

ビートたけし守護霊　尊敬してますよ。もう、この人（大川隆法）、エル・カンターレ、尊敬してますよ。どうやったら抜《ぬ》けるか、こればっかり、ずーっと考えてるの。

釈　へえー。

ビートたけし守護霊　やっぱ、君らの〝アヒンサー（不殺生《ふせっしょう》）・フライデー事件〟以降、「人を殺さない、殴《なぐ》らない、傷害をしないフライデー事件」以降、その比較《ひかく》をずーっと考えている。

釈　ああ。

ビートたけし守護霊　なぜ、俺《おれ》たちは逮捕《たいほ》されたのに、やつらは逮捕されないのか。やっぱり、これが疑問だった。

人数は、君たちのほうが多かった。業務妨害《ぼうがい》は、明らかに君たちのほうが激しかった。にもかかわらず、君たちは、誰《だれ》も逮捕されなかった。大川隆法も逮捕されなかった。書類送検されたのは、野間佐和子《のまさわこ》社長のほうだった。これは、どう考えてもおかしい。

この謎《なぞ》が解けないので、ここんとこの研究を重ねた結果……。

釈　それは、私たちが正しいからです。

ビートたけし守護霊　いや、そんなことないですよ。やっぱりねえ、君たちは、表向き、模範生《もはん》の顔ができるからだと思いますね。

釈　模範生ではなくて、本当に正しいんですよ。

ビートたけし守護霊　そうかなあ。

釈　本当に正しいんです。

ビートたけし守護霊　いや、この前、（大川隆法が）古舘《ふるたち》のような眼鏡《めがね》をかけてるところを見たら（前掲《ぜんけい》『バーチャル本音対決』参照）、なんか、一瞬《いっしゅん》、俺んとこへ弟子《でし》入りしたいのかと思った。

釈　（苦笑）

ビートたけし守護霊　ええ？　それならそれで、ちゃんと鍛《きた》えてやる気がある。天国に還《かえ》れなくても「憑依先《ひょうい》」を探せば心配ない？

釈　たけしさん、もし、天国に還《かえ》りたいのだったら……。

ビートたけし守護霊　もし？

釈　ええ。

ビートたけし守護霊　うーん。

釈　もし、天国に還りたいのだったら、「正しさ」というものがあることに気づいたほうがよろしいかと思いますよ。

ビートたけし守護霊　いや、天国でなくていいんだ。俺は、天国でなくていいんだ。俺は、阿弥陀《あみだ》様がいる極楽《ごくらく》でいいから。

釈　極楽と天国は一緒《いっしょ》です。

ビートたけし守護霊　ああ、そうなのかい？

釈　そのあたりが、ご心配ではないかなと思ったりするんですけれども。

ビートたけし守護霊　いや、全然心配してないよ。

釈　ああ、そうですか。

ビートたけし守護霊　うんうん。あとは憑依《ひょうい》先を探すだけだからさあ。

釈　憑依先（苦笑）……。

ビートたけし守護霊　ああ。（天国に）行けなかったら、憑依先を探すだけだからさあ。

釈　ということは、今、誰かに……。

ビートたけし守護霊　うーん、人脈が広いから大丈夫《だいじょうぶ》なんだよ。まあ、必ず、ちゃんとした住みかは見つかると信じてるからさあ。

アーリマンや悪魔《あくま》のふりをして質問者を驚《おどろ》かす

釈　そういう考えだと、少し心配なのですが。

ビートたけし守護霊　いや。でも、まあ、エル・カンターレは〝永遠のライバル〟だね。うん。だから、俺の本籍《ほんせき》はねえ、〝アーリマン〟(ゾロアスター教に出てくる悪神)っていうんだよ。

釈　〝アーリマン〟？

ビートたけし守護霊　うん。

釈　はあ……。本籍は、そちらなのですか。

ビートたけし守護霊　そうなんですよ。

釈　本当なら、かなりすごいですが……。

ビートたけし守護霊　でしょ？　尊敬する気になった？

釈　いいえ（苦笑）。尊敬というか、びっくりしています。

ビートたけし守護霊　ああ。

釈　そうですか。ということは、過去世《かこぜ》で、いろいろなお名前をお持ちではないですか。

ビートたけし守護霊　うん。まあ、「ビートたけし」がいちばん有名だな。

釈　今回がいちばん有名？

ビートたけし守護霊　うん、うん。

釈　ほかにもいろいろな人生があったと思いますが、私たちの噂《うわさ》では……。

ビートたけし守護霊　まあ、悪魔《あくま》と名が付くものは、全部、〝俺の分身〟だと思っていいよ（注。念のため補足するが、一流のブラフと思われる。以下同様）。

釈　ええーっ?!（会場笑）ちょっと、びっくりしてしまったんですが、本当ですか。

ビートたけし守護霊　当然でしょう。「悪魔《あくま》というのは〝演出家〟」という持論

司会　たけしさん特有の表現だと思うのですけれども、どこまでが本当なのか（笑）。

ビートたけし守護霊　お釈迦《しゃか》様が悟《さと》ろうとしたときなんて、「これをどうやってたぶ

らかすか」っていうのには、〝芸術性〟が要《い》るよね。「お釈迦様ほどの人を悟らせんようにするために、どれだけの〝スター〟を送り込《こ》んで騙《だま》くらかすか」っていうのは、もう〝演出家〟としての才能を試《ため》されるときだよね。

釈　そんなに……。

ビートたけし守護霊　だからねえ、悪魔《あくま》っていうのは〝演出家〟でもあるんだよ。

釈　そうですか。

ビートたけし守護霊　うーん。

釈　私たちは、先ほどの打ち合わせで、「たけしさんの過去世は、一休《いっきゅう》さんではないか」という話をしていました。

ビートたけし守護霊　ナッハッハッハッハッ。一休さんかよ。まあ、確かに髪《かみ》が薄《うす》くなってきたよな。確かに、ちょっと（笑）、それはあるかもしらんが。

釈　そういう「とんち」のレベルではないと？

ビートたけし守護霊　いや、そんなもんじゃありませんよ。本籍は〝第一級の悪魔〟だよ。

釈　これは切り返しが難しいですねえ。

司会　難しいですね（苦笑）（会場笑）。

ビートたけし守護霊　〝第一級の悪魔〟は、生まれてくるべきではないんだけれども、まあ、仏の慈悲《じひ》によって生まれてくる。やっぱり、ライバルをつくらないと、仏もストーリーがつくれないので、悪人を出さなきゃいけない。小説やドラマには、悪人が必要なんですよ。

「悪のほうが正しい」と言い張る

釈　それでは、善悪については、どう考えておられますか。

ビートたけし守護霊　善悪に対しては、「悪のほうが正しい」と考えてるわけ。それが悪魔の本性《ほんしょう》だね。

釈　今、あなたは守護霊ですから、それは、本心ですよね?

ビートたけし守護霊　本心ですよ。

釈　それを言って、大丈夫ですか。

ビートたけし守護霊　知りません。

湊　「守護霊自身は暗い世界にいる」ということでよろしいのですか。

ビートたけし守護霊　あんたねえ、「暗い、明るい」って、そんな単純な二分法はいけないのよ。ライトをつけたら、みんな、明るくなってるじゃないの？　そんなもん、明るいに決まってるじゃない？

湊　普段《ふだん》は、お一人で暗い世界にいらっしゃって……。

ビートたけし守護霊　あんた、思い込みが激しいのよ。

湊　（苦笑）

ビートたけし守護霊　一人で夜寝《ね》てるのは、あんたのほうよ。何言ってんだよ。

湊　え？

ビートたけし守護霊　私は一人で寝ないからね。

悪の定義は「エル・カンターレが困るようなことをすること」

司会　たけしさんが悪を定義するとしたら？

ビートたけし守護霊　悪の定義はねえ、まあ、エル・カンターレが困るようなことをすることだよ。

司会　それは本心ですか。

ビートたけし守護霊　うーん。だからね、幸福実現党なんか、〝悪の軍団〟だよな。はっきり言ってな。エル・カンターレが、いつも悩《なや》み続けてるよ。うん。これは悪だわな。はっきり言って。

トクマ　はあ。

湊　そういう意味で、〝ライバル〟ということなのでしょうか。

ビートたけし守護霊　ああ、君らもライバルになるのか。

湊　（苦笑）

ビートたけし守護霊　そうかあ。

トクマ　嫉妬《しっと》じゃないんですか。

ビートたけし守護霊　え？　なーんで嫉妬なのよぉ。嫉妬じゃない。これは、正当なオリンピックの競技みたいなもんですよ。嫉妬ではないですよ。やっぱり、演出家として、芸術性を競争してるんですよ。「この世をどのように演出するか」っていうようなことを。

お金の重みがないと「地獄《じごく》に行けないんだよ」

トクマ　たけしさん、幸福の科学の映画を観《み》たことはありますか。

ビートたけし守護霊　まあ、「ある」と言ったら、やっぱ問題があるけど、ＤＶＤぐらいはディスカウントショップに行きゃあ、弟子が手に入れてくれるわなあ。

釈　それを、ぜひ観たほうがいいですよ。

ビートたけし守護霊　うん。だから、「どこまで値下がりしたら買うか」っていう判断はあるからさ。

釈　あの世にもビデオがあるわけですよね？

ビートたけし守護霊　ああ、新しく出たやつを買うと高いじゃないか。だから、値下がりを待たなきゃいけないからさあ。

湊　お金をたくさん持っていらっしゃるではないですか。

ビートたけし守護霊　いやいや。やっぱり、その金を、あの世に持っていかないといかんから、放すわけにいかんのよ。

釈　あの世に還る前に、そのお金の重みで、三途《さんず》の川で溺《おぼ》れてしまいますよ。

ビートたけし守護霊　いや、お金の重みがないとねえ、地獄《じごく》に行けないんだよ。それを重石《おもし》にして、ズルズルーッと沈《しず》んでいくんだから。

湊　ああ。

「お金が欲《ほ》しいでしょう？」と繰《く》り返す

釈　これは、どうしよう。本当に大変ですよ。

ビートたけし守護霊　そうですかあ。

釈　今ですよ。

ビートたけし守護霊　うん？

釈　今でしょ！

ビートたけし守護霊　何？　「今でしょ！」って、お金が欲《ほ》しいのは、あんたがたでしょう？　お金が欲しいのは、今でしょ？

釈　確かに政党には、お金が必要ですけれども。

ビートたけし守護霊　ああ？　私から、巻き上げたいでしょう？　今でしょ？

釈　いいえ、巻き上げたくはありません。

ビートたけし守護霊　え？　今、選挙前でしょう？

釈　天国に上がれるとしたら、今でしょ！

ビートたけし守護霊　うーん、だけど、お金をあげるとしたら、今でしょ？（会場笑）

釈　（苦笑）

ビートたけし守護霊　選挙が終わってから、もらったってしょうがないでしょう。

釈　そうですが、とりあえず、どうでもいいんです。たけしさんが、どうなるかのほうが心配です。

ビートたけし守護霊　関係ないでしょう。票が心配でしょう？

釈　そんなことはないですよ。

ビートたけし守護霊　うーん。

釈　ここが、本物の宗教の違《ちが》いなんです。

ビートたけし守護霊　だから、「〝悪魔〟だ」と言ってんのに。君たち、〝悪魔〟の応《おう》援《えん》を受けて当選したい？

それは、やっぱり、一線を守らなきゃ、エル・カンターレの弟子として残れないんじゃないか。瀬戸際《せとぎわ》政策だよ、これ。もう、街宣車から落ちちゃうよ。端《はし》っこからパターッとね。一線を守らなきゃいけない。

武士は食わねど高楊枝《たかようじ》。もう、ビートたけしの金なんか、びた一文《いちもん》もらえない。それでも、私たちは戦い続ける。これでなきゃいけないわ。

釈　あなたのお金など、全然、欲しくないんですけれども。

大川隆法がいなかったら、ビートたけしが仏陀《ぶっだ》に見えてくる？

釈　今日、私たちは、「たけしさんのよいところを学びたい」と思って来たのですが、そんなダークな話をされると突《つ》っ込みようがなくなってしまいます。

ビートたけし守護霊　私がいて、大川隆法は存在できるんですよ。

釈　ええ?!

ビートたけし守護霊　私がいると、彼が真面目《まじめ》に見えるでしょう？　逆に、大川隆法がいなかったら、私が仏陀《ぶっだ》に見えてくるんですよ。

トクマ　つまり、「影《かげ》の役割をやっている」という意味ですか。

ビートたけし守護霊　だから、私は「救済仏」に見えるんですよ。私に芸術性を見る人だっているわけですよ。

タモリや明石家《あかしや》さんまとは「芸術性」で差がついた

トクマ　たけしさん、タモリさんや、さんまさんについては、どうですか。

ビートたけし守護霊　そのへんを出してくるかあ。ケエェ！　振《ふ》ってきたなあ。そのへんを振ってきたかあ。エル・カンターレから外してきたんだなあ。

この人（トクマ）、意外に頭いいな。大学を出てるんだって？　うーん、大したもんだ。

トクマ　いやあ、かたちだけですから。

ビートたけし守護霊　俺は中退だからさあ。

トクマ　どうですか。

ビートたけし守護霊　（舌打ち）まあ、同業者みたいなところもあるから、彼らについて、あんまり言いたいことはないけど、俺は、いちおうサングラスをかけなくても、外を歩くことはできる。うん。

トクマ　あ、タモリさんのことですね。

ビートたけし守護霊　うんうん、そうそう。あれは、まだかけてるんか。

トクマ　そうですね。

ビートたけし守護霊　やっぱりなあ。地獄の底は暗いからなあ。

トクマ　（笑）

ビートたけし守護霊　あの状態でなきゃあ、慣れないだろうねえ。日の光はまぶしいんだろう。

トクマ　では、あまりライバルという感じもしていないんですね？

ビートたけし守護霊　ライバルっていうほどでもねえんじゃねえか。もう、俺は〝雲《うん》上人《じょうびと》〟になってっからさあ。ライバルでもないんじゃないかな。

トクマ　ふーん。

ビートたけし守護霊　やっぱりねえ、芸術性のとこで差がついたな。はっきり言ってな。

釈　ああ。

ビートたけし守護霊　エンタメのとこでは、彼らも、まあまあ行ってたけど、芸術性のとこで、ちょっと差が出たね。まあ、俺は東京芸大教授だからね。

釈　肩書《かたがき》などは、あの世に持って還れません。

ビートたけし守護霊　いや、持って還れるんですよ。それが残念ながら、持って還れるんだなあ。

釈　持って還れないですよ。

ビートたけし守護霊　持って還るんだ。お墓んなかに入れといたら、持って還れるんだよ。

釈　（苦笑）残念ながら持って還れないんです。

ビートたけし守護霊　いや、持って還りますよ、絶対に。

釈　うーん。

「悪魔《あくま》の心」を持てば「大衆の心」をつかめるのか

釈　たけしさんは、大衆の心をつかむことがすごく上手なので……。

ビートたけし守護霊　（舌打ち）いや、大衆の心は、ほとんど悪魔《あくま》に支配されてるから、悪魔の心を持てば大衆をつかめるのよ。ね？

釈　はあ……。

ビートたけし守護霊　だから、君たちは弾《はじ》かれてるわけ。大衆が嫌《いや》がることをしようとするからね。大衆が喜ぶことをしなきゃいけない。

釈　悪魔の心で？

ビートたけし守護霊　うーん。

だから、今こそねえ、橋下市長《はしもと》の骨を拾ってやるべく、「王政復古！」って言って街宣すればいいわけよ。そうすれば大衆の心はつかめる。「そうだ！　そのとおりだあ！　国家が保障すべきだあ！」って。そのくらいやらなきゃ駄目《だめ》だなあ。それで、大衆の心は一発でつかめる。

釈　ふーん……。

ビートたけし守護霊　どうせ負けるんだったら、何をやったって一緒なんだから、やっちゃったほうがいいよ。

釈　うーん。

ビートたけし守護霊　人気を取ったら、次の戦いが待ってる。

釈　ただ、「越《こ》えてはいけない一線」というものがありますからね。視聴率《しちょうりつ》や人気を取るためには「喧嘩《けんか》が大事だ」

ビートたけし守護霊　あとねえ、人は喧嘩《けんか》が好きなんだよ。

釈　喧嘩が好き？

ビートたけし守護霊　だから、視聴率《しちょうりつ》を取りたかったら、喧嘩をする。それから、人気を取りたかったら、喧嘩をする。とにかく、喧嘩が大事だなあ。

トクマ　最近流行《はや》りの〝コロシアム（競技場）〟ですね？

ビートたけし守護霊　ええ。喧嘩をやることが大事。だから、幸福実現党のなかで内《うち》ゲバをやる、あるいは、「幸福実現党 対 幸福の科学」で喧嘩をやって、公然と戦う。ウワアーッとやる。まあ、こういう演出家が一人必要ですな。

トクマ　TVタックルというのは〝コロシアム〟なんですね。

ビートたけし守護霊　まあ……。あんたインテリすぎるよ。そういう言葉を使うと、大衆は理解できないんだよ。

トクマ　いえ、みなさん、コロシアムは知ってますよ。

ビートたけし守護霊　彼らは知りませんよ。そんな言葉を使うのは、インテリだから。

トクマ　（笑）そうですかね。

7　テレビ業界の真相

TVタックルにトクマを出演させるための条件とは

司会　「言論プロレス」というような感じでしょうか。何を投げかけさせていただいても、特有のはぐらかしと、ふざけた感じで（笑）……。

ビートたけし守護霊　いやあ、俺《おれ》はねえ……。

トクマ　だから、「続き」があるんですよね？　それで番組は続くんですよ。

司会　そういう終わらせ方をして、結論を出さない？

トクマ　ＴＶタックルは、いつもそうじゃないですか。

司会　そうですね。

ビートたけし守護霊　まあ、ＴＶタックルにトクマを呼ぶには条件が要《い》る。その前に、大川隆法を呼び出して、みんなでメッタメタにやっつけさせてくれたら、呼んでやる。

司会　大川総裁に興味がおありですか。

ビートたけし守護霊　うん。みんなでメタメタにやりたくてしょうがない。「鉄棒を持って、頭を殴《なぐ》りたい」っていうのがたくさんいる。パッと一声かけたら、もう、二十人ぐらい集まってくるよ。

司会　謹《つつし》んでお訊《き》きします。たけしさんが、大川総裁を前にしたら、どのような言葉を投げかけるのでしょうか。

ビートたけし守護霊　ええ、「私は、真面目《まじめ》に人生を生きてきました。どうぞ、天上《てんじょう》界《かい》に上げてください」って言う。

司会・トクマ　（笑）（会場笑）

ビートたけし守護霊　私は、そう言いますけど、ほかの人は攻撃《こうげき》するでしょうね。

トクマ　そういう立場なんですね。話をそらして、笑いを取って、「続き」ですね。テレビは、そうやってずっと続くわけですね。

争いに引っ張り込《こ》まれ、主導権を取られたらマスコミの負け

ビートたけし守護霊　だからねえ、まあ、マスコミ界は、争いをもってねえ、即《そく》、「人気や視聴率《しちょうりつ》を取ろうとしてる」というふうに、だいたい判断するんだ。

だから、君たちが「バーチャル本音対決」とか言って、古舘《ふるたち》（守護霊）や田原総一朗《たはらそういちろう》（守護霊）を出したりしても（前掲《ぜんけい》『バーチャル本音対決』『田原総一朗守護霊 vs. 幸福実現党ホープ』参照）、（マスコミは）シーンとして乗ってこない。これに乗ったら、敵の手に乗って、やられてしまうからね。

「『これで騒《さわ》ぎを起こしたろう』と狙《ねら》ってる」と思って、必死になって導火線に水をかけて、火を消そうとしてるわけよ。争いを起こしたら、マスコミの負けなのよ。

トクマ　でも、みんな、こっそり買って読んでいるんですよね？

ビートたけし守護霊　ええ。こっそりと読んでるけれども、回し読みにして、なるべく金を使わんようにはしてる。
　争いに引っ張り込《こ》まれたら、マスコミの負けなのよ。

トクマ　なるほど。

ビートたけし守護霊　「黙殺《もくさつ》」も力のうちで、巻き込まれて、主導権を取られたら、マスコミのほうの負けなのよねえ。無視したくても、引っ張り出されたら、それは、「腕《うで》が上」っていうことになるわなあ。

トクマ　でも、ありがたいです。すごくいい情報をくれました。どんどん、「対決シリーズ」で行きますよ。

ビートたけし守護霊　そう。対決するのがいいんですよ。挑発《ちょうはつ》しなきゃ、駄目《だめ》なんですねえ。

「正心宝《しょうしんほう》」を欲《ほ》しがるビートたけし守護霊

釈　たけしさんの守護霊としては、今回の対決について、「挑発されている」と思われますか。

ビートたけし守護霊　私？

釈　はい。

ビートたけし守護霊　私はねえ、フランスから勲章《くんしょう》をもらったけど、その勲章の名前を正確に言うことができないので……。（机上《きじょう》の資料を見て）まあ、カタカナで書いてあるが、これ、眼鏡《めがね》がないと読めないなあ。字が読めないけど、何とか勲章をもらってるんだよ。な？　最高の勲章をね。

だからねえ、決してねえ、君らを挑発して喧嘩《けんか》する必要なんか、まったくないんだよ。何か勲章をくれる？

釈　勲章？（笑）

ビートたけし守護霊　「正心宝《しょうしんほう》」（幸福の科学の宝具《ほうぐ》の一つで、首にかけて身につける）が欲《ほ》しいんだよ。正心宝が欲しいんだけど、総裁が「（幸福の科学に）入れてやらない」って言うからさあ。

湊　正心宝が欲しい？

ビートたけし守護霊　「会員には、絶対に入れてやらない」って言われると欲しくなるじゃないの？　なあ？

釈・湊　ああ……。

ビートたけし守護霊　あのエル・カンターレ仕様の特製のダイヤモンド付きの正心宝。あれはいい。一つ、贈呈《ぞうてい》してくれるとええなあ。あれはつけてみたい。あれならテレビに出るよ、俺。ＲＯマークの正心宝をつけて、「北野武《きたのたけし》であってビートたけしである」って言って、テレビに出るからさ。

テレビ業界と地獄《じごく》界の「生きる術《すべ》」は、ほとんど一緒《いっしょ》

湊　たけしさんから見て、テレビ業界は、どのような業界なのですか。

ビートたけし守護霊　やっぱ〝地獄界《じごく》〟だね。

湊　〝地獄界〟ですか。

ビートたけし守護霊　ああ、はっきり言って、〝地獄界〟です。

湊　ふーん。

ビートたけし守護霊　だから、ここで生き延びるのは、地獄界を生きる術《すべ》とほとんど一緒《いっしょ》です。もう隙《すき》あらば、引きずり降ろす、叩《たた》きのめす、悪口を言う。ま、こんなんばっかりだよ。

ＡＫＢなんて、「天女《てんにょ》の集まりだ」と思ったら大間違《まちが》いですよ。もう、みんな足を引っ張って、引き倒《たお》してやろうとしてるのばっかりですよ。前田敦子《まえだあつこ》なんか、卒業したんかもしれないけど、「交通事故に遭《あ》っちゃえ」と思ってるのがほとんどですよ。だいたい、そうですよ。まあ、だいたい、そういう世界なんですよ。だからねえ、それを天国だと思っちゃいけないですよ。

釈　なるほど。

ビートたけし守護霊　人は、オーバーヒートしたら、必ず殺意を抱《いだ》くようになりますからね。

釈　ああ。

ビートたけし守護霊　殺意を抱くけど、それを実現したら刑務所《けいむしょ》に行くから、実現する代わりに映画をつくったりするわけですよ。ドラマをつくったりして、そのなかで人を殺してスキッとするわけですよ。殺す役をしたり、ときどきは殺される役をしたりして、〝カルマの刈《か》り取り〟をやるわけですよ。

釈　たけしさん自身は、大川総裁に何とか救っていただきたいわけですよね？

ビートたけし守護霊　いや、私には、全然、そんな気はありません。正心宝さえもらえたら、もう十分ですよ。これ、あの世に持って還《かえ》れる？

釈　あの世に持って……（笑）。

ビートたけし守護霊　え？　還れない？

釈　心の問題なので。

ビートたけし守護霊　あ、そう。

テレビ局爆破《ばくは》でも計画しないと幸福実現党は取り上げられない？

湊　たけしさん、そんな〝黒い〟テレビ業界で、幸福実現党は、どうしたら取り上げられるでしょうか。

ビートたけし守護霊　爆破《ばくは》しなきゃ駄目だね。

湊　爆破？

ビートたけし守護霊　テレビ局爆破計画をテロ組織をつくってやる。〝幸福実現アルカイダ〟っていうテロ組織をつくって、そういうテロ情報やアングラ情報を流して、緊急《きんきゅう》警備体制を敷《し》かせて、「ばぁ、トクマでしたぁ」って出てくる。

それで、「海上保安庁に続きまして、警察にもご迷惑《めいわく》をかけました。いずれ、ご厄《やっ》介《かい》になると思いますけども、これは選挙違反《いはん》ではございません」と言って、記者会見をする。まあ、そのくらいやらないと、出してくれない業界ではあるわけね。それは厳しい。

まあ、〝地獄界〟です。君たちは〝地獄界〟で人気を取らないと売り出せない。〝地獄界〟で人気を取りながら天国に還ろうとする、非常に矛盾《むじゅん》した行動をとってるからさあ。うーん。厳しい。

湊　「泥中《でいちゅう》の花」みたいなものですね。

ビートたけし守護霊　うーん。

愛や真実を語るトクマを「日本のヨン様」と持ち上げる

トクマ　ただ、あまりにも、そういう世界が電波で垂れ流されていますから、愛というか、優《やさ》しさというか……。

ビートたけし守護霊　愛は、僕《ぼく》も好きだよ。

トクマ　僕、たけしさんには愛があると思う。

ビートたけし守護霊　君たちと考えは一緒。愛はねえ、もう大好き。思いにおいて好き。実践《じっせん》において好き。もう、知行合一《ちこうごういつ》で、ポスーッと行かないと駄目です。実行まで行かないと駄目です。

トクマ　僕は、ずっと街宣をやらせてもらっているんです。四カ月間、毎日なんですけれども。

ビートたけし守護霊　うん。

トクマ　それで、逆にテレビがそういう状態だから、僕は、すごくやりやすくて、

「みんな、本当に愛や優しさ、真実などを求めている」ということが分かりました。
　だから、僕自身が一つのマスコミというか、テレビでしたよ。

ビートたけし守護霊　ああ、日本のヨン様ですよね。まあ、純愛を説く日本のヨン様ね。

トクマ　はい。みんな、「ありがとう」と言って、すごく喜んでくださいました。
　それで、たけしさんが、バトルというか、そうやって、どんどん目茶苦茶《めちゃくちゃ》にしてくれればしてくれるほど、幸福実現党の足腰《あしこし》は、確実に鍛《きた》えられていきます。
　面白《おもしろ》かったのは、僕が地方紙に表敬訪問させてもらうと、カメラを持って待っていてくれるんですよ。

ビートたけし守護霊　あっらー、それは大したもんだわあ。

トクマ　びっくりしましたね。別に僕は……。

ビートたけし守護霊　それは、カメラマンに愛があるんだよ。

トクマ　というか、「幸福実現党の言ってきてたことは、全部、当たっている」と。

ビートたけし守護霊　ほおお……。

トクマ　「だから、トクマさん、説明しなくても分かっている」と。

ビートたけし守護霊　ああ、「次は占《うらな》い師ですね」と。

トクマ　え？

ビートたけし守護霊　え？　「次の職業は占い師ですね」と。

トクマ　（笑）でも、そういったかたちで、七紙ぐらい取り上げてくださいました。

これは別に、僕の成果ではなくて、幸福実現党が、この四年間、ずっと戦ってきたことと、みなさんが足をこまめに運んできたことによって、だんだん、そういうムーブメントができているんです。

ＡＫＢだって、一部の人からスタートしているんですよ。

ビートたけし守護霊　ああ、そうだ。秋葉原《あきはばら》の「かぶりつき」だからねえ。

トクマ　最初は、印象が悪かったじゃないですか。でも、それが、周りに飛び火しちゃうわけですよ。僕は今、それをすごく感じますね。

ビートたけし守護霊　うん。だから、ＡＫＢを観《み》に行かなきゃあ。

トクマ　まさに今、みんな、真実と愛を求めているんですよ。

ビートたけし守護霊　あ、そう。

テレビ離《ばな》れの先にあるインターネットも〝地獄界《じごく》〟

釈　「テレビが〝地獄界《じごく》〟だ」というのは、みんな、何となく感じています。

ビートたけし守護霊　それは間違いない。まあ、五割。百パーセントとは言わないよ。百パーセントではない。

釈　今、すごいテレビ離《ばな》れが起きていますよね。ネットのほうに移行したり……。

ビートたけし守護霊　うん。ネットだって〝地獄界〟だけどさあ。

釈　そうですね。

ビートたけし守護霊　まあ、一緒だけどね。

釈　でも、そうなればなるほど、人間には、やはり本能がありますからね。

ビートたけし守護霊　うん、うーん。

釈　みんな、優しさなど、心が温まったりするようなことに魅《ひ》かれていきます。「白虎隊《びゃっこたい》みたいに全滅《ぜんめつ》しろよ」と勧《すす》める

ビートたけし守護霊　君らはさあ、ＮＨＫの「八重《やえ》の桜」に出てくる白虎隊《びゃっこたい》みたいにしか、僕らには見えないんだけどさあ。あれは、天国なのか、地獄なのか、よく知らないんだけど、そういうふうに見えるんだよな。

何で、東京都議選に出ないの？　みんな、負けるのは知ってるけど、どのくらいの負け方をするか、見たかったねえ。見たかったなあ。

トクマ　それについては、かなり意見が来ていました。

ビートたけし守護霊　どうして出ないの？　みんな、負けるのは知ってるのよ。だけど、何票で負けるかが見たかったのよねえ。「今回は、二千票を超《こ》えるかどうか」とか、そういうのを見たかったんだなあ。

トクマ　でも、ある意味で、それがまた宣伝となって、日本のみなさんからの「頑張《がんば》って」という気持ちが……。

ビートたけし守護霊　君たちが立候補してたら、維新《いしん》も民主も、あれほど惨《みじ》めじゃなかったんだよ。君たちに本当に愛があるんだったら、彼らを救うことができたんだよ。

「幸福実現党を見なさいよ。これで、まだ耐《た》えて政党を続けてるつもりでいるんです。彼らは議席を取ったじゃないですか。彼らは天国にいるんです。彼らは、われわれのおかげで救われたんです」ってやれるじゃないですか。ぜひ、(都議選に)出てやるべきだったですね。かわいそうだったですよ。

トクマ　まあ、次の参院選に出ますから。

ビートたけし守護霊　もし、「幸福実現党大敗」っていう見出しが雑誌に載《の》ったりしたら、これはもう快挙ですよ。

トクマ　それは、〝宣伝〟になりますね。

ビートたけし守護霊　この四年間における最大の快挙ですよ。

トクマ　うーん。

ビートたけし守護霊　これを狙うべきだったですね。「維新、かすむ」とか言って（笑）、出るじゃないですか。「二議席を取って、かすんでしまった維新。幸福実現党、ゼロ行進、続く」。かっこええなあ。

トクマ　「続く」なんですか。

ビートたけし守護霊　白虎隊ですよ。もう、全滅《ぜんめつ》していくんです。ターッとねえ。かっこええなあ。服装も、あんなふうに変えてもいいんじゃない？　なんか、あの感じがいいなあ。

俺たちは、（幸福実現党が）何連敗するか、ずーっと見てるのよ。どこまで連敗記録が伸《の》びるか。やっぱ、かっこええよなあ。どこまで負け続けられるか。人間の精神の限界は、いったいどこにあるのか。これを、モルモット実験じゃなくて、人体を使って実験できるところが、すっごいですよ。すっばらしい。

釈　（苦笑）なるほど。

ビートたけし守護霊　どこまで耐えられるか。

トクマ　でも、たけしさんの人生自体が、そんな感じでしたよね？

「天国に行ける保証書」を書いてくれれば覚首になってもいい？

ビートたけし守護霊　言うたな！　俺をねえ……。

トクマ　ストリップ劇場から始まって。

ビートたけし守護霊　うーん、君ねえ、力の違いを見せてやるよ。

俺を党首で呼んでみろよ。たちまちだよ。あんな大阪《おおさか》の橋下《はしもと》市長なんて問題じゃないですよ。たちまち、テレビカメラの山ですよ。こんな自前のカメラなんか駄目です。よそのテレビ局のカメラをいっぱい入れなきゃ。

俺を党首に呼んでごらんなさいよ。もう、たちまちですよ。

トクマ　それも一案ですけれども、政策の部分で、やはり……。

ビートたけし守護霊　だから、「天国に行ける」という保証書を書いてくれればね。

トクマ　あ、そういうものが欲しいわけですか。

ビートたけし守護霊　うん。ちょっと考える。

トクマ　やはり、天国に行きたいんですね?

ビートたけし守護霊　やっぱりね。いちおうね。

トクマ　さみしいでしょう？

ビートたけし守護霊　ええ、（地獄に）何年いるか分からないからね。刑務所の場合はさあ、だいたい、「年季を終える」っていうのがあるじゃないの？十年とか、十五年とか、二十年とか。無期とか言っても二十年ぐらい入ったら、出れるじゃない。地獄って、いったい何年で出れるか。やっぱり、それを、ちゃんと書いてもらわないと分かんないねえ。

釈　今だと〝無期懲役《ちょうえき》〟になりそうな雰囲気《ふんいき》ですから、何とかしたほうがいいかもしれないですね。

ビートたけし守護霊　（釈に）あんたも〝毒舌《どくぜつ》の罪〟で、行きそうじゃない？

釈　いえいえ。今、思っていることを少し言っただけです。

ビートたけし守護霊　きっと行くところは一緒だよ。阿修羅《あしゅら》地獄で悪口の言い合いだ。そこだよ、きっと。

釈　とにかく今です、本当に。

ビートたけし守護霊　ええ、金をくれるのはね。

釈　（苦笑）でも、何か、すごく見えてくるものもあります。

「実はさみしがり屋？」の問いにはギャグで照れ隠し

トクマ　たけしさんは、さみしがり屋なんですよね。

ビートたけし守護霊　そうなんっすよ。

トクマ　みんなに注目されたいから……。

ビートたけし守護霊　そうなんですよ。

トクマ　昔、クラスでもいたじゃないですか。お尻《しり》を出しちゃう子とか。

ビートたけし守護霊　うーん。

トクマ　僕が、そうだったんですけど。さみしがり屋で。

ビートたけし守護霊　あ、僕は、そんなことしません。

トクマ　あ、しません？　そんなこと（笑）。

ビートたけし守護霊　お尻は出さず、前を出します。

トクマ　え？

ビートたけし守護霊　前を出します。

トクマ　あ、そうですか。

ビートたけし守護霊　今、放送禁止用語を使わずにしゃべりました。

トクマ　なるほどねえ（苦笑）。

やはり、周りに多くの人がいなかったら、さみしいと思いますよ。

ビートたけし守護霊　さみしいねえ。

トクマ　友達もあまりいないでしょう？

ビートたけし守護霊　そうなんですよ。もう、天上界《てんじょうかい》の頂点を極《きわ》めたら、友達がいないのよ。だから、エル・カンターレもさみしがってるのよ。お友達が欲しそうだから、私が友達になってやろうとして、今、「ツートップで行きましょう」って話してるのよ。

トクマ　（苦笑）ああ、そうですか。

ビートたけし守護霊　「天上界も地獄界も、ほんとは一緒のもんです。一つのもんなんだから、トップ同士、二人仲良く同棲《どうせい》しましょう。同性婚《こん》っていうのも、最近認められてるんだから、それで行きましょう」とね。うーん。

8　政界を斬《き》る！

増税に絶対賛成！　ただし「自分以外」!?

司会　非常にシニカルな答えが続いて（笑）おりますけれども、最後の最後で、本当のお気持ちを聞きたいところですが。

ビートたけし守護霊　たまには政治の話しようよ、たまには。

司会　何のですか。

ビートたけし守護霊　たまには政治の話しなきゃ。全然してないじゃん。

司会　質問をぶつけても、きちんと答えてくださらないじゃないですか（笑）。

ビートたけし守護霊　いやあ、序論で終わってるのよ。本論が入ってこない。

司会　でも、また同じパターンになると思うんですけど。

ビートたけし守護霊　そんなことない。私は大学教授ですよ、君。

司会　ああ、失礼いたしました（笑）。いかがでしょう？　質問者から……。

トクマ　増税に関しては、どうですか。

ビートたけし守護霊　私以外に増税をかけるのは、絶対、賛成です。

司会　（笑）

トクマ　ああ、そういう切り口になるわけですね。

司会　そうなっちゃいますね（笑）。

「『長くて三年』の安倍《あべ》首相よりも影響力《えいきょうりょく》は上」という自負

司会　ご自分に「非常に影響力《えいきょうりょく》がある」と自覚されているので、非常にクネクネと発言しているわけですね。

ビートたけし守護霊　それはあるでしょうねえ。はっきり言って、安倍《あべ》君よりは上でしょう。

司会　ええ。ですから、自分の価値基準のところを絶対に出せませんよね。

ビートたけし守護霊　まあ、安倍君はいけなかった。安倍さんだな。ああ、安倍さんは、何？　生き延びたって三年でしょ？

司会　そう思っていらっしゃいますか。

ビートたけし守護霊　ねえ。生き延びることができても、あと三年だからさ。私は、三年では死なない。

「国民投票による大統領選出」のチャンスを狙《ねら》う？

トクマ　たけしさんは、うまい具合に日本を〝支配〟しましたね。

ビートたけし守護霊　実はねえ、陰《かげ》で幸福実現党を動かしてんのよ。君らが「大統領制にする」って言ってるでしょう？　あれは賛成だ。やれ！　やれよ！　そしたら、俺《おれ》、大統領になれるからさ。あれしかチャンスはない。うん。国民投票で大統領を選ぶ。それなら、俺でもなれる可能性があるけど、今の選挙制度じゃ、ちょっと無理だな。

トクマ　たけしさんって、笑いを取ったり、お茶目なところを見せたりする一方で、すごく残虐《ざんぎゃく》な映画をつくったりしているでしょう？

ビートたけし守護霊　うん。

トクマ　これで、国民を黙《だま》らしているんだと思うんですよ。

ビートたけし守護霊　なるほど。

トクマ　マスコミも、たけしさんには、あまり触《ふ》れたくない。なぜかと言ったら、殴《なぐ》り込《こ》みに行くから。

だから、知らない間に、精神的に、「たけし王国」ができているかもね。

ビートたけし守護霊　あんた、頭いいな。精神分析《ぶんせき》できるんだ？

「人斬《ひとき》り以蔵《いぞう》でもやってろ」とトクマにからむ

ビートたけし守護霊　（トクマに）あのねえ、あんな売れない映画（トクマ主演の映画「尖閣《せんかく》ロック」）かけるのやめなさい。それよりねえ、あんた、明治維新《いしん》のころの

「人斬《ひとき》り以蔵《いぞう》」の役でもやってさ、ブスッブスッと斬っていくの、あれ、やりなさいよ。

トクマ　いや、僕《ぼく》は、実際に人斬り以蔵の役で映画に出たことがあるんですよ。

ビートたけし守護霊　あ、ほんと!?

トクマ　はい。

ビートたけし守護霊　やっぱりな。「生まれ変わりじゃないか」と思ってたんだよ、さっきから。そうなんだあ。

トクマ　（笑）違《ちが》いますけどね。

ビートたけし守護霊　生まれ変わりだろう?

トクマ　違いますよ！

ビートたけし守護霊　ほんとは、そうなんじゃない？

トクマ　いやあ、そうかもしれない（笑）。

ビートたけし守護霊　似てる。そっくりだよ。

トクマ　似てますか。

ビートたけし守護霊　もうねえ、顔がダブって見える。

トクマ　でも、そういう映画だったんですよ。

ビートたけし守護霊　あんたの近くには、勝海舟《かつかいしゅう》とか坂本龍馬《さかもとりょうま》とか、偉《えら》い人がいるのよ。だけど、あんた自身は偉くないのよ。

それがあんたの立場なんだよ。立ち位置なんだよな。

「トクマの来世《らいせ》はノコギリザメか魔女《まじょ》」と出まかせ予言

司会　そろそろ時間が迫《せま》ってまいりましたので……。

トクマ　なんか、カチンときたなあ（笑）。

司会　カチンときたのなら、もう少し応酬《おうしゅう》をしていただきましょう。

ビートたけし守護霊　私はねえ、予言者だから、君の来世《らいせ》も予言しちゃおう。君は、たぶん、二十二世紀にノコギリザメになって生まれ変わるだろう（会場笑）。

トクマ　ノコギリザメですか。

ビートたけし守護霊　うん、そうだ。そうして、海上保安庁の船の下からブスーッと穴を開けて、船を沈《しず》めようとするだろう。

トクマ　いや、僕は、海上保安庁に守ってもらったから、違いますよ。

ビートたけし守護霊　あ、そうかあ？

トクマ　海上保安庁には、もう、感謝しています。

ビートたけし守護霊　感謝してるのね？　ああ、そう。じゃあ、ホウキに乗って空を飛ぶんだ。魔女《まじょ》になるんだ、次は。

トクマ　ああ、それはやってみたいですね。

ビートたけし守護霊　まあ、スコットランドでね、空を飛んでみよう。「ハリー・ポッター」の次はねえ、リアルにやってみたいですねえ。その髪《かみ》の毛ならいけそうだねえ。帽子《ぼうし》をかぶるといけるんじゃないか、魔法使い。

トクマ　ちょっと待ってください。何の話か、分からなくなってきちゃった（笑）。

質問者をいじって政治論議に入らない、たけし守護霊

ビートたけし守護霊　政治の話をしよう。

司会　（笑）

ビートたけし守護霊　政治の話をするかあ！

司会　いえ、もう結構です（笑）。

ビートたけし守護霊　（質問者の湊に）あんた、どっから来たの？　大阪《おおさか》から来たんじゃないの？

湊　兵庫《ひょうご》から来ました。

ビートたけし守護霊　兵庫から来た？　あんた、電車代やら飛行機代やら知らんけどさ、取り返さなきゃ駄目《だめ》だよ。このままじゃ丸損だよ。誰《だれ》がくれるんだよ。くれないんだろう？

湊　はい、はい。

ビートたけし守護霊　くれなかったら、もう丸損だよ。座《すわ》ってるだけじゃないか。

湊　いえいえ、そんなことはないです。

ビートたけし守護霊　ええ？　頑張《がんば》れよ。

湊　はい。

トクマ　水をかけちゃえば？（湊にすすめる）

司会　水かけ……（笑）（会場笑）。

ビートたけし守護霊　それはない。それはいけない。

トクマ　それが、たけしさんのやり方だから。

ビートたけし守護霊　しゅな、しゅな、〝主なる神〟に対して、そういう不敬罪を犯《おか》してはいけない。

トクマ　そうすると、いっぺんに注目だよ。

湊　なるほど。

ビートたけし守護霊　〝主なる神〟に対して、そういうことをしちゃいけません。聖水以外は駄目ですから。（水差しを手にとって）聖水は、ここだけです。これが聖水なんですよ。

「得意絶頂の安倍《あべ》政権にタックルをかけろ！」と"アドバイス"

司会　（質問者に）最後に、何か本質的なことを聞き出したいですか。（たけし守護霊に）当会に何か言いたいことはありますか。この機会に、どうでしょうか。

ビートたけし守護霊　いや、今、本論に全然入ってないから。君らは、幸福実現党だろう？　政権を取りたいんだろう？

「安倍《あべ》政権を倒《たお》さなきゃいけない。あとの野党も、全部斬らなきゃならない。もう、みんなの党だとか、維新だとか、共産党だとか、公明党だとか、こんなもの、要《い》らない。この世から消してしまえ」と、これを言わなきゃ、これが番組かどうか知らんけど、こんなもの、意味ないんだよ。やっちゃえよ！　もう言わんと損だよ。

釈　それでは、安倍政権に関して、たけしさんは……。

ビートたけし守護霊　倒し方か？

釈　ぜひ、倒し方を教えてください。

ビートたけし守護霊　聞きたい？

釈　はい。

ビートたけし守護霊　聞きたい？　タックルをかけりゃいい。

釈　タックルですね（笑）。

ビートたけし守護霊　うん。タックルですよ。

釈　「言葉」でタックル？

ビートたけし守護霊　タックルかけなきゃ駄目ですな。

あのねえ、安倍さんは、今、得意絶頂ですよ。ね？　都議選で、もう満願、大勝利。この前の参院選で、恥《は》ずかしい垂れ流し……、じゃない、〝人間トイレ〟を、みんなに印象づけてしまったから、これを卒業したいだろうね。きっと、参院選で勝って、インドカレーを食べまくるシーンを流したいとこでしょうねえ。ハッハッハッハ。「ついに、腹痛にも勝利した」っていうとこを見せたいでしょうねえ。

だからねえ、何とか安倍さんを引きずり寄せて、そこでパフォーマンスをやるんだよ。唐辛子《とうがらし》入りで、もう腹をこわしそうなタイ料理とかインド料理とかで周りを囲んで、「安倍さん、本当にお腹《なか》を治したかどうか、公益にかかわることですから、ここで実験させていただきたい！」って、腹いっぱい食べさしたらいいですよ。

「それでも下痢《げり》しなかったら信じます。もし、下痢したら、あなたは治っていない！国民を騙《だま》す人を、やっぱり、首相として担《かつ》ぐことはできません！　われわれは、嘘《うそ》をつく人間を、断固として許すことはできません！　あなたに代わって、不肖《ふしょう》・釈量子を、総理に任命していただきたい！」と言えばいいよ。

「地獄《じごく》」が「天国」で、「天国」が「地獄」？

司会　（苦笑）湊さんは、いかがですか。その純粋《じゅんすい》で透明《とうめい》な信仰心《しんこうしん》と情熱、使命感で、最後に、たけしさんに一言、頂けますか。

ビートたけし守護霊　政策の話、しようよ。全然、政策の話が出てきてない。

湊　私たちは、今の日本を覆《おお》っている、この暗い想念を、何とか吹《ふ》き飛ばし……。

ビートたけし守護霊　全然見えない。梅雨空《つゆ》だから、今、暗いのは当たり前なんだ。

湊　いえいえ。でも、「テレビ界もマスコミ界も地獄《じごく》だ」というふうにおっしゃっていましたので……。

ビートたけし守護霊　うん、そりゃそうですよ。

湊　はい。やはり、それに何とか打ち勝って、日本人が本当に誇《ほこ》りを取り戻《もど》し、自分たちが素晴《すば》らしい民族なんだということを……。

ビートたけし守護霊　いやあ、君たちが「地獄だ」と思う、その見方が問題だな。その「地獄」が「天国」で、「天国」が「地獄」なんだ。ほんとに悟《さと》ったら、それが分かるんだよ。「地獄だ」と思ったら、それが天国。「天国だ」と思ったら、それが地獄なんだ。だから、君たちは、「宗教者は天国にいる」と思ってるんだろうけど、周りからは「地獄にいる」と思われてるのよ。ねえ。

「批判力のある共産党」はマスコミの鑑《かがみ》か

釈　今回の都議選で、共産党が大躍進《やくしん》したことについては、どう思いますか。

ビートたけし守護霊　あれは、ほんと、〝天国的な政党〟だからねえ。

釈　まあ、言うことは全部間違っていますが。

ビートたけし守護霊　ただ、共産党は〝鑑《かがみ》〟なんですよ。
共産党が言っていることはねえ、全部間違ってるんです。ただ、共産党の批判は全部当たってるんです。だからねえ、彼らには天国的なところもあるんですよ。

釈　ほう。

ビートたけし守護霊　共産党は間違ってるんです。これは、私も認めます。共産党は間違ってます。

ただ、共産党が政権を批判するとき、その批判は全部当たってます。だから、その意味では、まあ、共産党はマスコミの〝鑑〟ですね。あれだけ理論的に、理路整然と批判ができるっていうのは、やっぱり、すっぱらしいところがありますね。

君たち、共産党に学んだらいいわ。理論的に切れてますから。

釈　切れていますか（笑）。

ビートたけし守護霊　批判がね。みんな、もうちょっと遠慮《えんりょ》するのよ。だけど、彼らは、頭が正反対に引っ繰《く》り返ってて、信じ込んでやってるからさ。あれが素晴らしいね。

釈　まあ、ある意味、「ぶれない」というところはね。

ビートたけし守護霊　だから、共産党のまねをしたら、（幸福実現党は）あの半分ぐらい議席をもらえるんじゃない？

トクマ　でも、私たちも、ぶれない切り口で発言しています。今、そのことに対する評価が上がってきていますよ。

ビートたけし守護霊　「評価」って、零《れい》コンマ何パーセントの話なんですか。そんなのは、テレビだと、全部、打ち切りになるんですが。

トクマ　まあ、数字に関しては、まだまだかもしれませんが、言うべきことを言うためには、そんなことばかり気にしていられないじゃないですか。

ビートたけし守護霊　いや、百年もやれば上がるかもしれない。

「麻原彰晃《あさはらしょうこう》との対談」の背景にあった意外な理由

釈　たけしさんの責任のなかには、そういう、宗教に対する世間《せけん》の空気をつくっているところもあると思うんですよ。

ビートたけし守護霊　うん、だからねえ……。

釈　以前、麻原彰晃《あさはらしょうこう》と対談したじゃないですか。あれでずいぶん……。

ビートたけし守護霊　何言ってんだよ。あれは、大川隆法に反省を求める。大川隆法に反省を求める。私との対談の企画《きかく》なんて、まったく歯牙《しが》にもかけなかっただろ？　向こうは相手にしてくれたの！

釈　はああ……。

ビートたけし守護霊　だから、心優《やさ》しい、懐《ふところ》の広い人だったのよ。死刑《しけい》にするのはもったいないから、生殺しにしたほうがいいよ。うん。

釈　はあ……。

ビートたけし守護霊　死刑にしたらさみしいじゃないですか。死刑にしたら、あれ、もう、浮遊霊《ふゆうれい》になって、自由に行き来できるんだから、こんなとき（霊言《れいげん》収録時）に邪魔《じゃま》しに来たらどうするんですか。万一《まんいつ》、大川隆法に取り憑《つ》いて、麻原彰晃が説法《せっぽう》したらどうするんですか。

だから、幸福の科学は、絶対、「死刑反対」って、声を上げるべきですよ。「最後まで生かしといてください。できるだけ長く生かしといて、老衰《ろうすい》させてください」ってね。「元気なうちに早く死刑にしたら取り憑いてきて、この教団を邪魔する可能性があるから、死刑だけは反対だ」って、こう言うと、やっぱり注目を浴びて、新聞記事に載《の》る可能性がありますよ。

このくらいのことは考えなきゃいけない。

「尖閣《せんかく》」の次は「宇宙人」ネタでトクマを売り込《こ》む?

トクマ　そういう、ある意味、すごい発想や切り口を、お茶の間のテレビで流すから、みんなが「はあー」と言ってしまうんでしょうね。

ビートたけし守護霊　うん。まあ、これはねえ、天才性なんですよ。君たち凡人《ぼんじん》には分からないと思うけども、天才なんですよ。麻原も天才なんだ。大川隆法も天才なの。私も天才なんですよ。

トクマ　もともと、「ツービート」というお笑いコンビは、そういうかたちで出ましたものね。

ビートたけし守護霊　うん。君たち、浅草《あさくさ》で何かやってみない？

釈　浅草？

ビートたけし守護霊　漫才《まんざい》でもさ。幸福実現漫才。

トクマ　ただ、僕も、ある意味、それに近い感じで演説させてもらっているんです。

ビートたけし守護霊　あ、なるほどね。うーん。演説は漫才なのか。そうか。

トクマ　漫才ではないですけれども、やはり、「新しい切り口」と言いますか……。

ビートたけし守護霊　次のネタが必要だね。そろそろ「尖閣《せんかく》」を忘れられかかってるからさ。次のネタが必要だ。君ら、拉致《らち》されるべきですよ。「拉致されて、宇宙人に連れて帰ってもらう」とかさ。

司会　どうしても、発想がそっちのほうになって……（笑）。

トクマ　いや、もっと面白《おもしろ》いことを考えていますよ。

会場の「乾《かわ》いた反応」に焦《あせ》る、たけし守護霊

司会　残念ながら、終わりの時間も近づいてまいりましたし……。

ビートたけし守護霊　政治の話、まったくしてない！

司会　はい、申し訳ありません。

ビートたけし守護霊　司会者！　責任取れ！

司会　ええ。ただですね、たけしさんの面白いところというのが、こういう議題になると、会場の反応でお分かりのように……。

ビートたけし守護霊　シーンとしてるじゃない？

司会　シーンとしてしまうんです。「乾《かわ》いた笑い」でした。

ビートたけし守護霊　これはもう、番組としては失敗ですな。

司会　残念ながら（笑）。

ビートたけし守護霊　ここはねえ、地獄ですわあ。

司会　そのあたりの反応は、「宗教的価値観を知っている観衆だった」ということの証拠《しょうこ》ですね（笑）。

ビートたけし守護霊　もうねえ、タレントにとっては、ここ、総合本部は〝地獄〟だね。お笑いタレントにとっては、もう最悪の〝無間《むけん》地獄〟ですよ。もう、〝血の池〟〝針の山〟ですよ、これ。

司会　ぜひ、今後も、たけしさんが最初におっしゃった、高尚《こうしょう》な（笑）私たちの行動に、ぜひ、注目いただきたいと思います。

結局、「タックル以前」で強制終了《しゅうりょう》!?

ビートたけし守護霊　あのー、正心宝《しょうしんほう》をくれない？

釈　いやあ（笑）。

司会　最後に懺悔《ざんげ》をしていただければ（笑）と思います。

ビートたけし守護霊　『正心法語《しょうしんほうご》』（幸福の科学の根本経典《こんぽんきょうてん》。信者限定）も送ってくれない？　ＣＤも付けといてくれない？

釈　たけしさん、本当に、今がラストチャンスです。

ビートたけし守護霊　死んだあと、かけてほしいから。永遠に回してほしいから。ね？

司会　何の結論も出ませんでしたが、以上とさせていただきます（笑）。

ビートたけし守護霊　これで終わりなんですか。

司会　ビートたけしさん、今日はありがとうございました。

ビートたけし守護霊　これで終わりなんですか。

司会　はい。

ビートたけし守護霊　ええと、今日の題は何だったの？

司会　はい。「おいらの『守護霊タックル』を受けてみな！」。

ビートたけし守護霊　ああ、駄目だったのね。ああ。

司会　いいえ、そんなことはないと思いますが（笑）。

ビートたけし守護霊　ああ、タックルは受けられなかった？

司会　ありがとうございました。

ビートたけし守護霊　「タックル以前」で終わってしまった？　うーん。

「矢内《やない》党首の脳みそ」をめぐる人物談義

ビートたけし守護霊　まあ、もう一段、腕《うで》を上げて、もう一回かかってくるがいい。ちょっと、（矢内《やない》）党首を沈めてやりたいからなあ。党首は、あれ、どうにかならんかな。あの党首をね、もう、ギタギタにして、やせ細るまでいじめてみたい感じがするなあ。

司会　まあ、どうしても嚙《か》み合わなくなるところが見えたようです。

ビートたけし守護霊　あの饗庭《あえば》とかいう、ええカッコしてる男も、パーンと仮面を剝《は》がしてやりたいなあ！　このへんで「フンドシ踊《おど》り」をやらしてみたい。

釈　矢内党首は、脳みそが〝粗《あら》く〟できているので……。

ビートたけし守護霊　脳みそが粗い？

釈　いい意味でアバウトなので、たけしさんの冗談《じょうだん》が通じないところもあるかとは思うんですけれど……。

ビートたけし守護霊　ああ。あんた、表現力に富んでるなあ。小説家、やらないか。

釈　いや、本当に、うちの党首は、「無欲の大欲」と言いますか、すごい方なんですよ。こんな日本人、他にいないと思います。

ビートたけし守護霊　なるほど。いやあ、身内からこんなことを言われるとは……。もはや、支持率はゼロパーセントになったな（会場笑）。

司会　いえ、これも一つのユーモアと思っていただければ（会場笑）。

釈　いや、もう、「脳細胞《さいぼう》が〝ロット単位〟でできている」というぐらい（会場笑）、小さなことは気にしない、とても愛の深い、器《うつわ》の大きな党首なんです。

ビートたけし守護霊　はあー……、そうですか。愛はないだろうけれども、器は深いのね？　うーん。

「信仰《しんこう》のすすめ」にブラフで応じる、たけし守護霊

釈　ところで、たけしさんも、エル・カンターレの慈悲《じひ》にすがって……。

ビートたけし守護霊　私はねえ、エル・カンターレの〝直弟子《じきでし》の悪魔〟ですから（注。繰り返しになるが、あくまでも一流のブラフと思われる。以下同様）。

エル・カンターレはねえ、やっぱり、ちゃんと〝護衛隊〟を持ってるんですよ。あのねえ、やっぱり、言論だけでは、世の中を制せないところがあるんですよ。そういうときには、ちょっと〝暴力団〟を送り込む。あるいは、〝暗殺団〟を送り込まなきゃいけない。それが、悪魔軍団の使命なんですよ。そのために雇《やと》われてるんですよ、私は。

だからねえ、エル・カンターレとビートたけしは、〝日米安保《あんぽ》〟を結んでるんですよ。「私あってのエル・カンターレ」なんですよ。

釈　（苦笑）大川総裁がそう思われるかどうかは分かりませんけどね。

ビートたけし守護霊　まあ、とにかく、正心宝と『正心法語』と、それのCDをお願いしたいですね。

湊　それならば、三帰誓願《さんきせいがん》（仏《ぶっ》・法《ぽう》・僧《そう》の三宝《さんぽう》への帰依《きえ》を誓《ちか》うこと）することをお勧《すす》めいたします。

ビートたけし守護霊　それはしたくない。まあ、「三帰誓願しろ」って言うんなら、別にいいや。

それとも、俺を「党首に担ぎたい」っていうんなら、君と勝負だ。

再度、ＴＶタックルへの出演交渉《こうしょう》を試みる

釈　ところで、矢内党首を売り込みたいので、ぜひ、ＴＶタックルに出してください。

ビートたけし守護霊　放り込みたい？

釈　売り込みたいんです。

ビートたけし守護霊　海に放り込みたい？

釈　（笑）（会場笑）海には放り込めないんですけれども、ぜひ、お願いします。

ビートたけし守護霊　ああ、どうせワンパターンなんでしょ？　朝日の悪口しか言えないんでしょう？　ほかの局も、全部、悪口を言えるんだったら、タレント度があるから、認めてあげるわ。他局の悪口も、全部、言ってごらんなさいよ。それだけの才能があるんだったら考えるわ。

「筑紫哲也《ちくしてつや》の大回心《だいかいしん》」をどう思うか

釈　この間、ＴＢＳの筑紫《ちくし》さんの霊が出てこられて、霊言を収録したんですが、とてもピカピカになっておられました（『筑紫哲也《てつや》の大回心《だいかいしん》』〔幸福実現党刊〕参照）。

ビートたけし守護霊　うん。頭が禿《は》げてピカピカになってたんじゃないの？

釈　いや、頭ではなくて、大回心をされたのですが。

ビートたけし守護霊　かわいそうにねえ。

釈　かわいそうですか。

ビートたけし守護霊　折伏《しゃくぶく》されてしまってね。やっぱり、折伏されちゃいけない。マスコミは、〝悪魔〟としての本懐《ほんかい》を遂《と》げなきゃ駄目ですよ。最後まで〝悪魔〟でいかないと。

釈　その天邪鬼《あまのじゃく》なところを、ちょっとだけ素直な心に……。

本日のバトルの続きは来世《らいせ》で続行?

ビートたけし守護霊　でも、来世《らいせ》はねえ、きっと、あなたと同じ世界で会えると思うよ。

釈　そうですか。

ビートたけし守護霊　うん、たぶん。バトルは続くと思う。

釈　ああ、なるほど。そうなることを、私も祈《いの》っています。

ビートたけし守護霊　あの、僕、好みのパンティがあるからさあ、柄《がら》を言っとこうか。

ああ、虎柄《とら》でいいから。虎縞《じま》のでいいからね。

釈　（苦笑）はい。分かりました。

ビートたけし守護霊　ちょっと赤めのやつで頼《たの》むわ。

司会　さて、時間となりました。この続きは、またの機会にお願いいたします（笑）。今日はありがとうございました。

ビートたけし守護霊　まあ、じゃあ、「以上」っていうことで。

大川隆法　（ビートたけしに）はい、すみませんでした。（手を一回叩《たた》く）

9　「実力の限界」が見えた

「斬《き》り込《こ》み不足」だった今回のスピリチュアル討論

大川隆法　うーん……。まあ、やはり、私がやるのは恥《は》ずかしかったですね。里村《さとむら》さんあたりは、まだ、霊道《れいどう》（霊界《れいかい》との通路）を開《ひら》いていないのですか。

里村　（会場から）すみません。

大川隆法　このようなものは、広報担当であるあなたが代わりの役を務めるべきかもしれませんね。少し恥ずかしかったですね。

これで、支持率が上がるでしょうか（笑）。この、あまりのシラケ方は激しいですね。

司会　そうですね（笑）。

釈　もう、〝地獄度《じごく》〟が深いので、ややホラーのようになってきて……。

大川隆法　うーん。いや、でも、これは、こちらの斬《き》り込《こ》みが足りなかったのだと思いますね。こういう人の場合、もっと深く斬り込んでやると、それなりに返しを撃《う》ってくるのです。

それを、こちらが簡単にのけぞってしまったものだから、面白《おもしろ》くなかったのだろうと思うんですよ。ちょっと〝脅《おど》され〟たら、それを本気にして、ぶっ飛んでしまったので、面白くないレベルだったのでしょう。

司会　そうですね。まともに受けすぎました。

大川隆法　まともに受けすぎたんでしょうね。もっと口の悪い世界に生きているから、普通《ふつう》は、みな、この程度では参らないで、言い返してくるのでしょう。

釈　里村さんと練習します。

大川隆法　彼としては、「いい応酬《おうしゅう》をして、とどめの一発を撃ち込むところまで、やらせてもらえなかった」というところで終わったのでしょう。

司会　ただ、そこがまた、彼のいいところかもしれません。

大川隆法　なるほど。だから、彼には、質問者が「石のお地蔵さん」のごとく見えていたようです。

司会　うーん。

幸福の科学とビートたけしとの「心の距離感《きょりかん》」

大川隆法　とにかく、当会に対する彼の印象を一言で言えば、「堅物《かたぶつ》で面白みがない」ということのようなので、「何でもいいから、もう少し、人の目を引き、気を引くような努力をしなければいけない」という〝御《み》教え〟のようです。

釈　トクマなどは、けっこういけるかと……。

大川隆法　まあ、トクマさんでも、だいぶ距離《きょり》があるのではないでしょうか。もう少し仲間に近いかと思ったのですが、やはり、かなりの距離があるのですね。

トクマ　僕《ぼく》も驚《おどろ》きました。

大川隆法　まだ、そうとう距離があるみたいですね。

司会　トクマのほうが引いちゃった（笑）。

トクマ　いや、僕も、いつの間にか人間が変わっていて、「たけしさんとは、やっぱり、だいぶ違《ちが》うのかな」と思ったんですよ。

大川隆法　もう少し近い仲間かと思ったのですが、それほど近くはなかったですね。

トクマ　遠かったです。

大川隆法　〝沖《おき》〟のほうまで、だいぶ行っていましたので（会場笑）、仲間ではないですよ。少し距離があります。

泣き出しそうにも見えた表情のわけは？

トクマ　ただ、僕には、最後、たけしさんの守護霊が泣き出しそうにも見えました。先ほどおっしゃったとおり、もっと深く深く突《つ》っ込んでいけばよかったのですが……。

大川隆法　ああ、なるほどね。

トクマ　「俺《おれ》は、本当はさみしいんだよ」って。

司会　お母様のあたりとか……。

大川隆法　幸福実現党で、それだけ泣かせるところまでいく役者を持っていましたか。そこまでの役者が、誰《だれ》かいたかどうか。

トクマ　たけしさんは、人情味のある人で、本当は、少しさみしがり屋なのではないでしょうか。

大川隆法　うん。そうですよね。

トクマ　はい。でも、僕は思うんですけれども、今の日本人は、みんなそうです。さみしいんですよ。だから、僕らが必要とされていると思うのです。
　それに、せっかく街宣をするわけですから、もちろん、政策も言わなければいけないのですが、「俺たちは、みんな仲間なんだよ。本当にユートピアをつくっちゃおうよ」と言わなければならないと思います。実は、やはり、みんな、そういうロマンを待っているような気がするんですよね。

大川隆法　うん、なるほど。

九〇年代から「硬派路線」に踏み込んでいった理由

大川隆法　確か、一九九一年に、週刊誌の取材か何かで、ビートたけしのことを訊《き》かれて、私が、「絶対に、当会には入《はい》れないでしょうね」というようなことを答えたので、けっこうネックになっているようです。はっきりと言われたので、彼にとっては、「地獄行き」を宣言されたのと、ほとんど似たようなものだったでしょう。

トクマ　ああ、でも、気にはしていないんですよね？

大川隆法　いや、気にしているようなのです。九一年以降、ずっと気にしているのです。

そのため、それ以降は、意外と「硬派路線《こうは》」といいますか、多少、真面目《まじめ》な路線も取り始め、インテリ系の世界にも興味を示すなど、彼としては、少し背伸《せの》びをしています。

ときどきはギャグのほうに逃《に》げながら、インテリの面や芸術性の面を押《お》してみたりと、その両面を使っていますが、私の発言を非常に意識していることは感じます。

でも、いろいろな宗教を見ているのでしょうけれども、この人は、本当はインテリに弱いんだと思うんですよ。

この人は、インテリ宗教としては、当会が群を抜《ぬ》いていて、ほかの宗教とは全然違うことをよく知っています。

ほかの宗教には、いくらでもコケにできる内容があるのでしょうが、当会は、けっこう手強《てごわ》いのです。当会で説かれている論点を、全部論破し、引っ繰《く》り返して、ギャグネタにするのは、とても難しいのです。当会の教えを全部引っ繰り返して、ギャグネタに使うのは、かなり難しいんですよ。

釈　ああ、なるほど。

大川隆法　だから、そのつらさについては、よく分かっています。

人の心をつかむ術《じゅつ》で弟子《でし》を県知事にした「ゴッドファーザー」

大川隆法　まあ、違った意味での「権威《けんい》」は感じます。私も、この人の、ある種の才能というか、タレント性については認めているのです。

それは、ある意味、「ゴッドファーザー」的なものかもしれません。

例えば、当会から真っ当な候補を出しても、なかなかなれないのに、この人の運転手をしていたような人が県知事を務めることができるぐらいですから、まあ、大したものです。師匠《ししょう》として、何かそうした、「人の心をつかむ術《じゅつ》」を教える力はお持ちなのだろうと思うのです。

そのあたりは、私より上かもしれません。たけしさんの運転手をしていた人が県知事を務めたり、総理大臣を目指したりするぐらいですから。

まあ、これは、ほめていることになるかどうかは分かりませんがね（笑）。

内容のある教えをギャグで切り返すには勉強不足

トクマ　国民の多くが、インテリに対する劣等感《れっとうかん》を、けっこう感じているのかもしれませんね。

そこを、たけしさんが引っ繰り返しちゃうところが、人気の秘密といいますか、たぶん、たけしさんって、全体の空気を読み取る能力が高いと思うんですよ。スペシャリストとしての深さをつくることはできなくても、「雰囲気《ふんいき》を読んだり、場をパッとつかんだりする能力には長《た》けている」と、僕は思うんですよ。

大川隆法　うん。それはそうですね。

トクマ　それで、インテリの権威のようなものを引っ繰り返すことによって、国民が、みんな、「やったあ！」となるわけです。インテリに対する唯一《ゆいいつ》の反撃《はんげき》というか、たけしさんがふざけて、「コマネチ！」とかやるじゃないですか。それを見て、たぶん、みんな、スカッとしているんですよ。きっと、それが人気の秘訣《ひけつ》ですね。

大川隆法　うん。だから、今ぐらいの話だと、まだ切り返しがきくのですが、当会が本論として説いている内容については、ほとんど入ってこなかったと思います。本論で言っていることをギャグネタに変えるには、そうとう力が要《い》るのです。

この本論のところを、ギャグネタにして、引っ繰り返すには、かなり勉強していないと、実は、引っ繰り返せないのです。だから、そこまでは力が及《およ》んでいないのでしょう。

ここ最近、十年ぐらいは真面目に勉強しているようではありますが、残念ながら、本論の部分を引っ繰り返してギャグネタに使えるほどまで、勉強が届いていないことは、本人も自覚していると思います。そのため、そこまでは入れないのです。

トクマ　だから、言葉のあやというか、その面白みで……。

大川隆法　うん、そうそう。そこでやれるのです。

本論で勝負できずに「言葉の引っ掛《か》け」を狙《ねら》うマスコミ

大川隆法　ただ、それは、マスコミ全体にも言えることです。

トクマ　はい。

大川隆法　例えば、田原総一朗《たはらそういちろう》さんにしても、「言葉の引っ掛《か》け」でくるでしょう？　田原さんも、古舘《ふるたち》さんも、「引っ掛け」だけでくるのです。失言部分を、本能的にパッと引っ掛けてくるのは、非常に速いですよね。ものすごく速い。

トクマ　速い速い。

大川隆法　カメレオンがパーッと獲物《えもの》を獲《と》るような速さで引っ掛けてきますのでね。

トクマ　それで、一瞬《いっしゅん》、僕らもフワッとなっちゃうんですよ。

大川隆法　そうそう。

トクマ　相撲《すもう》の技《わざ》で言えば、「猫騙《ねこだま》し」でしょうね（手を打つ）。あれでパーンとやられちゃうんですよ。

大川隆法　しかし、本論で延々と議論するのは、嫌《いや》なんです。それは、嫌なんですよ。

トクマ　でも、テレビ番組は、時間が決まっているじゃないですか。だから、今日は、私たちも、ちょっと慌《あわ》てふためいてしまったところがありましたけどね。

大川隆法　なるほど。

ビートたけしに「総理大臣」は務まるのか

大川隆法　たけしさんは政治評論もやっていますが、今日、本論に入れなかったところが、実は、たけしさんの実力の限界でしょう。

トクマ　そうですね。

大川隆法　今日は、「たけしさんの実力の限界が見えた」ということです。本人にとっては残念でしょうが、彼に総理大臣はできません！（机を叩く）
以上、終わりです。

司会　大川隆法先生、まことにありがとうございました。（会場拍手《はくしゅ》）

あとがき

手前味噌《てまえみそ》にはなるが、私の守護霊インタビューも最近は人気が出て来ている。登場人物は、社会的に活躍している「公人」だと認定されることになるからだ。

六十六歳にして、まだまだこれだけの毒舌が健在であるとは、ちょっとした驚きではあったが、ある意味で、自分が「完成」して「慢心」しないための、ビートたけしさん特有の智慧《ちえ》と照れ隠しなのかもしれない。

今の日本では、全体の空気を読み、時代の空気を動かせる人が、最大の権力者なのかもしれない。

この点、毒の部分を取り除いて、言論術そのものを純粋に研究すれば、「現代の秘密兵器」が現れて来るのかもしれない。「かたく」て「真面目《まじめ》」で、「面白味のない」私の弟子たちに研究課題を出して下さったことをうれしく思っている。

二〇一三年　六月二十八日

幸福実現党総裁《こうふくじつげんとうそうさい》　大川隆法《おおかわりゅうほう》

『ビートたけしが幸福実現党に挑戦状』大川隆法著作関連書籍

『田原総一朗守護霊 vs. 幸福実現党ホープ
——バトルか、それともチャレンジか？——』（幸福実現党刊）
『バーチャル本音対決
——TV朝日・古舘伊知郎守護霊 vs. 幸福実現党党首・矢内筆勝——』（同右）
『筑紫哲也の大回心』（同右）
『ジョーズに勝った尖閣男』（幸福の科学出版刊）

ビートたけしが幸福実現党《こうふくじつげんとう》に挑戦状《ちょうせんじょう》

――おいらの「守護霊タックル」を受けてみな！――

2013年7月4日　初版第1刷

著　者　　大《おお》　川《かわ》　隆《りゅう》　法《ほう》

発　行　　幸福実現党

〒107-0052 東京都港区赤坂2丁目10番8号

TEL(03)6441-0754

発　売　　幸福の科学出版株式会社

〒107-0052 東京都港区赤坂2丁目10番14号

TEL(03)5573-7700

http://www.irhpress.co.jp/

印刷・製本　株式会社 堀内印刷所

落丁・乱丁本はおとりかえいたします

ISBN978-4-86395-354-3 C0030

写真：dpa／PANA

大川隆法 霊言シリーズ・正しい歴史認識を求めて

原爆投下は人類への罪か？

公開霊言 トルーマン
＆F・ルーズベルトの新証言

なぜ、終戦間際に、アメリカは日本に2度も原爆を落としたのか？「憲法改正」を語る上で避けては通れない難題に「公開霊言」が挑む。
【幸福実現党刊】

1,400円

公開霊言 東條英機、「大東亜戦争の真実」を語る

戦争責任、靖国参拝、憲法改正……。他国からの不当な内政干渉にモノ言えぬ日本。正しい歴史認識を求めて、東條英機が先の大戦の真相を語る。
【幸福実現党刊】

1,400円

神に誓って「従軍慰安婦」は実在したか

いまこそ、「歴史認識」というウソの連鎖を断つ！ 元従軍慰安婦を名乗る2人の守護霊インタビューを刊行！ 慰安婦問題に隠された驚くべき陰謀とは⁉
【幸福実現党刊】

1,400円

※表示価格は本体価格（税別）です。

大川隆法霊言シリーズ・政治学者シリーズ

篠原一東大名誉教授「市民の政治学」その後

幸福実現党の時代は来るか

リベラル派の政治家やマスコミの学問的支柱となった東大名誉教授。その守護霊が戦後政治を総括し、さらに幸福実現党への期待を語った。
【幸福実現党刊】

1,400円

スピリチュアル政治学要論

佐藤誠三郎・元東大政治学教授の霊界指南

憲法九条改正に議論の余地はない。生前、中曽根内閣のブレーンをつとめた佐藤元東大教授が、危機的状況にある現代日本政治にメッセージ。

1,400円

憲法改正への異次元発想

憲法学者NOW・芦部信喜 元東大教授の霊言

憲法九条改正、天皇制、政教分離、そして靖国問題……。参院選最大の争点「憲法改正」について、憲法学の権威が、天上界から現在の見解を語る。
【幸福実現党刊】

1,400円

幸福の科学出版

大川隆法霊言シリーズ・中国・北朝鮮情勢を読む

中国と習近平に未来はあるか

反日デモの謎を解く

「反日デモ」も、「反原発・沖縄基地問題」も中国が仕組んだ日本占領への布石だった。緊迫する日中関係の未来を習近平氏守護霊に問う。
【幸福実現党刊】

1,400円

小室直樹の大予言

2015年 中華帝国の崩壊

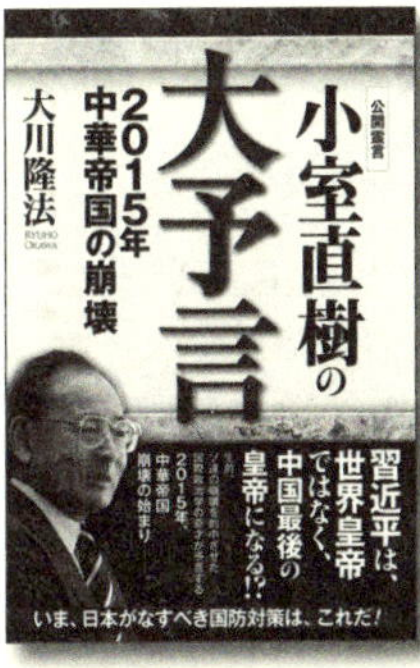

世界征服か？ 内部崩壊か？ 孤高の国際政治学者・小室直樹が、習近平氏の国家戦略と中国の矛盾を分析。日本に国防の秘策を授ける。

1,400円

長谷川慶太郎の守護霊メッセージ

緊迫する北朝鮮情勢を読む

軍事評論家・長谷川氏の守護霊が、無謀な挑発を繰り返す金正恩の胸の内を探ると同時に、アメリカ・中国・韓国・日本の動きを予測する。

1,300円

大川隆法 ベストセラーズ・希望の未来を切り拓く

未来の法

新たなる地球世紀へ

暗い世相に負けるな！ 悲観的な自己像に縛られるな！ 心に眠る無限のパワーに目覚めよ！ 人類の未来を拓く鍵は、一人ひとりの心のなかにある。

2,000円

Power to the Future

未来に力を

英語説法集
日本語訳付き

予断を許さない日本の国防危機。混迷を極める世界情勢の行方――。ワールド・ティーチャーが英語で語った、この国と世界の進むべき道とは。

1,400円

日本の誇りを取り戻す

国師・大川隆法 街頭演説集 2012

2012年、国論を変えた国師の獅子吼。外交危機、エネルギー問題、経済政策……。すべての打開策を示してきた街頭演説が、ついにDVDブック化！
【幸福実現党刊】

街頭演説
DVD付

2,000円

幸福の科学出版

※表示価格は本体価格（税別）です。